Sprachwelten Italienisch

Compagni di viaggio

Anna Ballarin Denti
Alessandra Felici Puccetti
Fulvia Oddo
Tiziana Stillo

circon

Baierbrunner Straße 27, 81379 München
Ausgabe 2025
6. Auflage

Redaktion: Isabella Bergmann
Fachkorrektur: Alessandra Felici Puccetti, Tiziana Stillo
Produktion: Ute Hausleiter
Titelillustration: fotolia.de/determined
Gestaltung: red.sign GbR, Stuttgart
Umschlaggestaltung: red.sign GbR, Stuttgart

ISBN 978-3-8174-1942-5
381741942/6

Besuchen Sie uns auf Instagram und Facebook: circonverlag
www.circonverlag.de

Lesen und Lernen mit den Sprachwelten

So abwechslungsreich war Italienischlernen noch nie! Die Sprachwelten kombinieren unterhaltsames Lesen mit dem bewährten didaktischen Konzept der Reihe Lernkrimi. Die vier Kurzgeschichten sind von **muttersprachlichen Autoren** verfasst und genau auf Ihr **Lernniveau** abgestimmt – perfekt für den Unterricht oder individuelles Lernen.

Wörter, die noch unbekannt sind, werden direkt auf der Seite übersetzt, so ist kein zusätzliches Nachschlagen erforderlich. Das **alphabetische Glossar** am Ende des Buches bietet eine Übersicht aller **Vokabeln** mit ihren Übersetzungen. Im phase6-**Vokabeltrainer** sind diese sogar vertont.

Jede Kurzgeschichte enthält abwechslungsreiche, auf den Text bezogene **Übungen** zu Wortschatz, Grammatik und Textverständnis, die zum aktiven Lernen motivieren. Überprüfen Sie Ihren Lernerfolg einfach im **Abschlusstest**. Im Anhang finden Sie alle **Lösungen**.

Ergänzend zu jeder Kurzgeschichte verweisen **Infokästen** auf sprachliche und landeskundliche Besonderheiten.

Zu diesem Buch

Buoni vicini

Nach einem Brand in einer florentinischen Wohnung ist zunächst nicht klar, wer das Unglück verursacht hat. War es Lucio, der den Herd angelassen hat? Oder hat seine brasilianische Freundin den Brand absichtlich ausgelöst?

Compagni di viaggio

Bei einer Zugfahrt lernt Roberto eine ältere Dame kennen und erzählt ihr spontan von seinen Beziehungsproblemen. Ausgerechnet diese flüchtige Zugbekanntschaft öffnet ihm die Augen ...

Pasticceria Paradiso

In einem kleinen italienischen Dorf geschieht ein Mord. Kann die Konditorin Ava innerhalb weniger Stunden den Fall lösen, ohne ihr Geschäft zu verlassen?

Una giornata speciale

Als die gestresste Clarissa Opfer eines Raubüberfalls wird, gerät sie zunächst in Panik. Alle Unterlagen für den morgigen Vortrag sind weg! Durch die Begegnung mit Luca begreift sie nach und nach, dass es neben der Arbeit noch andere wichtige Dinge im Leben gibt ...

Inhalt

Buoni vicini ... 7

Compagni di viaggio ... 27

Pasticceria Paradiso ... 47

Una giornata speciale ... 67

Test finale ... 92

Soluzioni ... 100

Glossario ... 114

Indice degli esercizi ... 122

Buoni vicini

Alessandra Felici Puccetti

A Firenze la convivenza tra Lucio e Adriana, la sua fidanzata brasiliana, è tutt'altro che tranquilla. I due si amano, ma litigano spesso. Sono diversi per carattere, cultura e stile di vita.
Elvira, la madre di Lucio, abita nello stesso palazzo. Quando scoppia un incendio in circostanze poco chiare nell'appartamento del figlio, accusa subito la ragazza che non le è mai piaciuta.
La vicina Orietta, tutta chiesa e famiglia, sospetta che l'accusa sia ingiusta. Ma è nel suo interesse insistere per portare alla luce la verità?

Lucio Masetti: è un giovane fiorentino di ventinove anni. È finanziariamente indipendente, ma è ancora legato alla madre che abita nell'appartamento accanto al suo.

Adriana: la giovane brasiliana è venuta da poco in Italia. Non accetta le convenzioni della piccola borghesia fiorentina cui il fidanzato appartiene.

Elvira Masetti: la vedova è fiorentina da generazioni. Prova antipatia per la ragazza straniera del figlio.

Orietta Pecci: è una casalinga frustrata che si realizza nel volontariato a favore degli immigrati. Ha la stessa età di Elvira e abita al piano di sotto.

È notte fonda. Nella cucina di Elvira Masetti è accesa soltanto la lampada che illumina il **piano di lavoro**, il resto della stanza è in **penombra**.

Elvira apre una bottiglia, riempie un bicchiere d'acqua e lo porta al figlio che siede al tavolo. In camicia da notte, con i capelli in disordine, la donna sembra più vecchia dei suoi sessantacinque anni. Ha aspettato il figlio sveglia davanti al televisore senza riuscire a concentrarsi. Finalmente all'una Lucio è tornato. Nonostante la rabbia per quello che è successo, Elvira gli è andata incontro **sollevata** e gli ha toccato la spalla con gesto affettuoso.

piano *m* **di lavoro**	Arbeitsfläche
penombra *f*	Halbschatten
sollevato	erleichtert
cedere	*hier:* nachgeben
⚡ **Che cosa ti è preso?**	Was ist in dich gefahren?

Lucio prende il bicchiere dalla mano della madre e beve. I due hanno la stessa faccia: occhi scuri, naso dritto, labbra sottili.

Elvira aspetta in silenzio, impaziente. Appena il bicchiere è vuoto riprende con le domande. La sua voce ha un tono quasi isterico[i]. Al momento dell'incidente ha reagito prontamente e con freddezza. Poi però i nervi hanno **ceduto**.

"Mi dici **che cosa ti è preso**?" chiede a Lucio per la seconda volta. "Quella donna ti ha fatto perdere il cervello! Poteva succedere una tragedia! Se non vedevo io il fuoco..."

> Bei Wörtern griechischen Ursprungs, die im Deutschen mit **h** beginnen, entfällt im Italienischen der Anfangsbuchstabe:
>
> hysterisch = isterico
>
> Hydraulik = idraulica
>
> hyper- = iper-

Elvira la sera era stata al cinema con un'amica. Sulla via del ritorno, a pochi metri da casa, aveva alzato per caso gli occhi verso le finestre del figlio. Lei e Lucio abitano nello stesso palazzo, al secondo piano. Soltanto l'appartamento di Lucio, però, ha le finestre sulla strada. Quando aveva visto le fiamme nella cucina Elvira aveva sentito una scarica di adrenalina. Dopo aver raggiunto in fretta la palazzina, era corsa su per le scale e aveva suonato il campanello del figlio. Non vedendo né sentendo nessuno aveva pensato al peggio e aveva gridato aiuto. Poi era successo tutto molto velocemente. Elvira voleva entrare con una chiave di riserva che tiene sempre in casa. I vicini, però, che nel frattempo erano **accorsi**, l'avevano fermata e al suo posto era andato il signor Bordini del terzo piano. Nell'appartamento di Lucio non c'era nessuno. Qualcuno, intanto, aveva chiamato il 115 [i]. **A sirene spiegate** erano arrivati i **vigili del fuoco** [i], i carabinieri e due ambulanze. Le fiamme erano state spente presto e non avevano causato danni alle persone. Soltanto Bordini era stato accompagnato per sicurezza all'ospedale. Due ore più tardi la strada era di nuovo tranquilla.

Elvira, naturalmente, aveva provato ad avvertire Lucio, ma il suo cellulare era spento.

accorrere	herbeieilen
a sirene spiegate	mit Blaulicht
vigili *m pl* **del fuoco**	Feuerwehr (-männer)

Die offiziellen **Notfallnummern** in Italien sind:

112	Polizei (*polizia*)
113	Carabinieri
115	Feuerwehr (*vigili del fuoco*)
118	Rettungsdienst, Ambulanz (*pronto soccorso*)

Die Feuerwehrmänner (**vigili del fuoco**) werden im Italienischen auch **pompieri** genannt.

Esercizio 1: Abbinate le parole. Welche Begriffe gehören zusammen? Ordnen Sie zu!

1.	☐ riempire	a) campanello
2.	☐ suonare	b) fuoco
3.	☐ aprire	c) danni
4.	☐ spegnere	d) bicchiere
5.	☐ causare	e) finestra

Ora la donna guarda seria il figlio.
Lucio si passa una mano tra i capelli.
"Non chiedermi che cosa mi sia passato per la testa, mamma, perché non lo so. Saranno state le nove e mezzo. Io come al solito stavo cucinando... Se aspetto che lo faccia Adriana si cena a mezzanotte! A un certo punto abbiamo cominciato a litigare e Adriana mi ha detto che tra noi era finita. Io non le ho creduto: l'ha ripetuto così spesso negli ultimi mesi! Invece stavolta faceva sul serio. Ha messo degli abiti in una borsa e ha chiamato prima la sua amica, quella che sta in via Giusti, e poi un tassì. Quando è uscita sbattendo la porta sono rimasto a guardarla senza reagire. Ero come **intontito**. Dopo, però, ho avuto paura."

intontito	benommen, betäubt

Elvira non capisce: "Paura?"
"Peggio: panico. Ho sentito... sì, ho avuto l'improvvisa certezza

che non avrei più rivisto Adriana e non **sopportavo** il pensiero. Allora ho lasciato tutto e sono sceso nel garage. Volevo andare in via Giusti. Del **fornello** acceso mi sono ricordato solo in macchina."
"E non sei tornato indietro?"
"No. Credevo che non sarebbe successo niente. O forse, inconsciamente, volevo far sparire ogni **traccia** di Adriana dalla mia vita... Chi lo sa? Non ero più io... Sono stato un pazzo, adesso **me ne rendo conto**."
"Davvero!" interviene nervosamente Elvira. "Col fuoco non si scherza!"

sopportare	ertragen, aushalten
fornello *m*	Herdplatte
traccia *f*	Spur
rendersi conto di qc.	sich über etw. klar werden, etw. begreifen

Esercizio 2: Parole della stessa famiglia. **Welche Substantive haben denselben Stamm wie die Verben?**

1. provare ______________________
2. litigare ______________________
3. reagire ______________________
4. ricordare ______________________
5. causare ______________________
6. suonare ______________________

Secondo i vigili del fuoco l'**incendio** è stato causato proprio dal fornello acceso: qualcosa che era lì vicino ha preso fuoco. Anche se non ci sono stati danni alle persone, quelli materiali sono notevoli. Il soggiorno con angolo cottura di Lucio è da rimettere a nuovo e il terrazzo dei Bresci, che ora sono in vacanza, è in pessime condizioni. Senza contare, naturalmente, la **facciata** ormai nera della palazzina all'altezza del secondo piano.

incendio *m*	Brand
facciata *f*	Fassade
sospiro *m*	Seufzer
scuotere la testa	den Kopf schütteln
tremare	zittern
assumersi le proprie responsabilità	sich seiner Verantwortung stellen

Elvira fa un profondo **sospiro**.
"Hai visto in che stato è casa tua?" domanda.
Lucio **scuote la testa**. Meccanicamente solleva il bicchiere vuoto e lo avvicina alla bocca. Gli **trema** la mano.
"No, lo farò domani. Tanto ormai..."
"Dimmi almeno dove sei stato tutto questo tempo!"
La voce di Elvira ora è quasi normale.
"Prima ho suonato dall'amica di Adriana. Ho suonato mille volte, ho chiamato anche dalla strada, ma nessuno ha aperto. Quando i vicini hanno cominciato a protestare sono tornato in macchina. Ho girato senza sapere dove andavo. Poi, finalmente, mi sono calmato e ti ho telefonato."
La telefonata fra madre e figlio era stata brevissima. Lucio aveva chiesto soltanto se fosse successo qualcosa e, a metà risposta, aveva riattaccato.
Elvira allora lo aveva aspettato nel soggiorno. Sapeva che sarebbe venuto.
"Non so che cosa mi sia successo, mamma," ripete Lucio. "Naturalmente sono pronto ad **assumermi le mie responsa-**

bilità. Andrò dai carabinieri. Ma devo farlo subito? Mi sento distrutto..."

Elvira prova **compassione** per il figlio: "Non ti preoccupare, Lucio, ho già parlato io con i carabinieri. Sanno che probabilmente è stato un incidente, una disattenzione. Adesso vai a riposare, ti ho già preparato il letto. Al resto penseremo dopo."

Poi a voce più bassa, come seguendo il corso dei suoi pensieri, Elvira aggiunge: "D'altra parte Adriana è **colpevole** almeno quanto te. Ti ha portato all'**esasperazione**. Senza di lei non sarebbe successo niente."

Lucio si alza lentamente dalla sedia.

Sulla porta della cucina si gira: "Adriana non ha causato l'incendio, mamma. Lucio Masetti non è un **vigliacco**!"

compassione *f*	Mitleid
colpevole	schuldig
esasperazione *f*	Zermürbung, Verzweiflung
vigliacco *m*	Feigling

Esercizio 3: Preposizioni. Lesen Sie weiter und ergänzen Sie die Präpositionen!

Poi va verso la cameretta **1.** ____ cui dormiva **2.** ____ ragazzo.

3. ____ stanza non è cambiato niente, neanche il poster **4.** ____ vecchia nazionale **5.** ____ calcio sopra la scrivania.

Il mattino dopo Elvira esce presto. Quando torna con i panini all'olio che piacciono tanto al figlio, la signora Pecci, l'**inquilina** del primo piano, sta **innaffiando** le piante sul **pianerottolo**. Del tutto **casualmente**, pensa Elvira con sarcasmo. Non si occupa mai delle piante, proprio oggi invece... sicuramente vuole avere notizie più precise su ieri sera.

Elvira di solito **è** un po' **infastidita** dalla sua curiosità, ma oggi **coglie al volo l'occasione**. Senza darle nemmeno il tempo di simulare **stupore** per l'incontro, la invita a prendere un caffè.

Orietta Pecci è un po' sorpresa, ma si riprende subito e accetta.

Nella cucina di Elvira, davanti alla tazzina fumante, commenta i fatti della sera prima: "Che paura! Per l'emozione stanotte non ho chiuso occhio. Un caffè mi fa proprio bene. Questo poi ha un profumo... L'ha portato la fidanzata di Lucio dal Brasile?"

inquilina *f*	Mieterin
innaffiare	(Blumen) gießen
pianerottolo *m*	Treppenabsatz
casualmente	zufällig
essere infastidito	genervt sein
cogliere l'occasione al volo	die Gelegenheit beim Schopf ergreifen
stupore *m*	Verwunderung, Staunen
bruciare	brennen
Moglie e buoi dei paesi tuoi.	Bleibe im Lande und nähre dich redlich.

La signora Pecci si interrompe e stringe leggermente la mano della vicina. Poi continua: "Scusami, cara, in questa situazione probabilmente non è una domanda da fare..."

La risposta di Elvira suona molto decisa: "Figurati! Il caffè che ha portato Adriana è **bruciato** nella cucina di Lucio... insieme a tutto il resto. E lei, quella vigliacca, è scappata. Ma la ritroveremo e pagherà i danni! L'ho detto sempre a Lucio: '**moglie e buoi dei paesi tuoi**'. Lui invece si è portato la ragazza dalla vacanza in Brasile... bel souvenir! Lì ce ne sono tante come Adriana. Fanno gli occhi dolci ai turisti per farsi sposare, ma non sono né innamorate né interessate alla nostra cultura e al nostro stile di vita. Vogliono soltanto i soldi e la **cittadinanza** italiana."

Elvira si interrompe per chiudere la porta della cucina, poi riprende: "Con il suo comportamento Adriana ha **messo** Lucio **in ridicolo** davanti a tutto il quartiere. La cordialità e la **disinvoltura** vanno bene, ma perché raccontare i fatti propri alla commessa del supermercato nei toni più drammatici? Perché andare a passeggio con quei vestiti così corti? La nostra via non è la spiaggia di Ipanema, qui la gente chiacchiera. Lucio chiaramente si arrabbiava. Eppure, innamorato com'era, sperava sempre di far cambiare modi e abitudini alla fidanzata. Dopo ogni litigio finiva per perdonarla. Adriana logicamente ne approfittava. È andata avanti così per mesi. Ieri sera però quella ragazza **l'ha fatta** troppo **grossa**... Lucio ha chiuso definitivamente con lei."

cittadinanza *f*	Staatsangehörigkeit
mettere in ridicolo	lächerlich machen
disinvoltura *f*	Unbefangenheit
ϟ **farla grossa**	großes Unheil anrichten
pettegolezzo *m*	Klatsch
extracomunitari *pl*	Bürger eines Nicht-EU-Staats

Orietta Pecci lascia parlare la vicina per un po'. Poi interviene: "Tu mi conosci, Elvira: a me i **pettegolezzi** non interessano. Certo, anch'io sentivo la musica brasiliana che veniva dall'appartamento di tuo figlio. Giorno e notte. Quei ritmi da carnevale a tutto volume che a me fanno venire il mal di testa. Forse però Adriana li ascoltava perché aveva nostalgia del suo paese. Dobbiamo metterci nei panni degli altri prima di criticare. Sai, il lavoro con gli **extracomunitari** mi ha insegnato molto."

La reazione di Orietta è quella che Elvira si aspettava.

La vicina, che **presta servizio volontario** al **centro di accoglienza** della **parrocchia**, almeno ufficialmente sta dalla parte di Adriana. Forse, però, a quattr'occhi si rivelerà più flessibile. In fondo si sa che dietro all'attività di volontariato della signora Pecci non c'è soltanto il desiderio di impiegare il tempo libero aiutando gli altri. Grazie al suo **ruolo**, infatti, Orietta gode anche di una piacevole autorità all'interno della parrocchia e ha un'ottima scusa per **tenersi aggiornata** sui fatti e le chiacchiere del quartiere.

prestare servizio volontario	ehrenamtlich tätig sein
centro *m* **di accoglienza**	Empfangs-zentrum
parrocchia *f*	Pfarrei, Pfarrgemeinde
ruolo *m*	Rolle
tenersi aggiornato	sich auf dem Laufenden halten, sich über den neuesten Stand informieren
far leva	*hier:* ausnutzen

Ora Elvira deve soltanto trovare nell'idealismo della vicina qualche punto debole su cui **far leva**. Una fiorentina dell'età di Orietta non può non ricordarsi di com'era bella la vita in città quando non c'erano tutti quegli immigrati senza cultura, né educazione, né rispetto! Deve rendersi conto che la sua comprensione per i problemi di Adriana è ridicola. Pensi piuttosto a quelli del povero Lucio!

Esercizio 4: Imperativo. Übersetzen Sie Oriettas Empfehlungen an Elvira!

1. Versetze dich in Adrianas Lage!

____

____

2. Denk an ihre Probleme!

____

____

3. Hör nicht auf die Gerüchte im Viertel!

____

____

4. Sei offen Ausländern gegenüber!

____

____

Orietta intanto continua con le sue **prevedibili** osservazioni.
"Un certo modo di vestire o di trattare," spiega con un sorriso mite, "possono forse sembrare poco seri in un paese, ma in altri non meravigliano nessuno. Probabilmente Adriana ha trovato in Italia un'atmosfera più fredda e formale di quella che conosceva in Brasile e non ha voluto **rinunciare alle** sue abitudini e alla sua cultura."

prevedibile	vorhersehbar
rinunciare a	verzichten auf
Fatto sta che...	Tatsache ist, dass ...
permesso *m* **di soggiorno**	Aufenthaltserlaubnis
intromettersi	sich einmischen

Esercizio 5: Parole mancanti. Lesen Sie weiter und füllen Sie die Lücken mit den passenden Begriffen!

altrettanto | brasiliani | cittadinanza | sopracciglia | verità

Elvira solleva scettica le 1. ______________________:
"Può darsi. **Fatto sta che** la nostra vita ad Adriana non è mai piaciuta. Qui a Firenze stava soltanto con 2. ______________________ e voleva che anche Lucio facesse 3. ______________________. Se non si trovava bene perché è rimasta? La 4. ______________________ è che di Lucio non le importava niente. Voleva sposarlo soltanto per la 5. ______________________.

In Italia ci sono troppi immigrati che non hanno la minima intenzione di integrarsi. Spesso non imparano nemmeno la nostra lingua. Che senso ha accogliere gente così? Se mio marito fosse ancora vivo, sono sicura che avrebbe cercato di rimandare la ragazza al suo paese. In fondo, detto tra noi, il **permesso di soggiorno** di Adriana è scaduto da tempo."
Orietta insiste: "Ogni persona ha il suo carattere, indipendentemente dal Paese da dove viene. E poi qualche volta, per troppo amore, i genitori **si intromettono** nella vita dei figli adulti e rischiano di complicare situazioni già di per sé difficili.

Tu, Elvira, sei ancora sotto shock per l'incendio di ieri sera. Ti capisco, abbiamo corso tutti un gran rischio, ma una disattenzione può succedere a chiunque... sì: a chiunque, anche a Lucio."

resistenza *f*	Widerstand
incapacità *f*	Ungeschicktheit, Unfähigkeit
allusivo	*hier:* vielsagend
rimprovero *m*	Vorwurf
ribattere	erwidern

Mettendo l'accento sulle ultime parole Orietta guarda la vicina negli occhi.

Elvira si aspettava una certa **resistenza**, ma non fino a questo punto. Orietta non le viene incontro nemmeno un po'. Vuol dire che ha visto o ascoltato qualcosa? Nel vicinato sanno tutti che, per la pigrizia e l'**incapacità** di Adriana, cucina sempre Lucio. È questa la ragione del tono **allusivo** di Orietta? Oppure ha sentito la coppia che litigava e magari ha anche visto la ragazza uscire per prima? Ma allora perché non parla chiaro?

La sera prima Elvira, anche se non conosceva i fatti, aveva detto che il fuoco era stato probabilmente causato da una distrazione di Adriana che già altre volte non aveva spento i fornelli. Orietta al momento non aveva fatto commenti. Adesso invece ha un tono di **rimprovero** che rende Elvira nervosa.

Beachten Sie die **Konsonantenverdopplung**:

rosso – arrossire

amore – innamorarsi

contento – accontentarsi

limitato – illimitato

legale – illegale

rabbia – arrabbiare

solubile – dissolubile

Sentendosi arrossire[i] **ribatte**: "Eh no, non a chiunque e tantomeno a mio figlio! Una cosa così poteva farla solo Adriana! Infatti..."

Esercizio 6: Cruciverba. Übersetzen Sie die Begriffe und lösen Sie das Kreuzworträtsel!

Orizzontali

2. Feigling
3. Unaufmerksamkeit
4. Brand
6. Mieter (Pl.)
7. Mitleid

Verticali

1. Staatsangehörigkeit
3. Schäden
5. Nachbarn

Dopo una breve **esitazione** Elvira si avvicina a Orietta e, a voce più bassa, continua: "Adriana ha lasciato acceso il fornello **intenzionalmente**. Ieri sera, dopo l'ennesimo litigio, Lucio ha rotto il fidanzamento e l'ha lasciata sola in casa. Lei evidentemente ha voluto **vendicarsi**. Poi è scappata. Quando Lucio è tornato l'ha chiamata da qui. Quella ha pure risposto! Allora abbiamo saputo che non si è trattato di una disattenzione... anche se forse Adriana aveva **sottovalutato** le conseguenze del suo gesto."

esitazione *f*	Zögern
intenzionalmente	absichtlich
vendicarsi	sich rächen
sottovalutare	unterschätzen
indignazione *f*	Empörung
convivenza *f*	Zusammenleben
indifeso	wehrlos
combinare un guaio	Unheil anrichten
carità *f*	Barmherzigkeit, Nächstenliebe
vendetta *f*	Rache

Un po' spaventata per la bugia che le è uscita di bocca con tanta facilità, Elvira si interrompe. È riuscita a nascondere la sua insicurezza con l'**indignazione** oppure Orietta non le ha creduto? Dal suo sguardo non si capisce. Ma anche se ha un sospetto, non sarà mica tanto stupida da raccontarlo ai carabinieri? Non vorrà rischiare di compromettere per sempre l'amichevole **convivenza** tra inquilini! In fondo, Adriana se ne è andata, Elvira e Lucio invece continueranno ad abitare al piano di sopra.
Proprio in quel momento Lucio apre la porta della cucina. Indossa un vecchio pigiama di quand'era ragazzo e ha ancora l'espressione distrutta della notte.
Nella stanza c'è un silenzio imbarazzato.
Elvira guarda il figlio preoccupata. Con quell'aria **indifesa** nel pigiama troppo corto Lucio sembra un bambino impaurito che ha **combinato** qualche **guaio**. Come è possibile che la

Pecci, con tutta la sua **carità** cristiana, non provi compassione per lui? Lo conosce da quando andava a scuola con la figlia...
Anche Orietta fissa Lucio. Sembra indecisa: apre la bocca per parlare, ma poi ci ripensa. Finalmente si alza con un profondo sospiro e gli va incontro.

Esercizio 7: Parole in disordine. Lesen Sie weiter und bringen Sie die Wörter in die richtige Reihenfolge!

Prendendogli la mano destra tra le sue gli dice con tono solidale: "**1.** quello che è tanto per mi veramente successo dispiace ________________________

____.

____ **2.** tua ha tutto la mi mamma raccontato ______________

____.

Con quell'assurdo gesto di **vendetta** la tua ex fidanzata ha messo in pericolo l'intero palazzo! Ma almeno sei sicuro di aver fatto bene a lasciarla. Vedrai, dimenticherai presto questa brutta storia. **3.** sentirai un bevi ora ti meglio e caffè

____

____."

abbozzare	*hier:* andeuten
frase *f* **di circostanza**	Höflichkeits-floskel
diffidenza *f*	Misstrauen
ricatto *m*	Erpressung
eroe *m*	Held
con aria di sfida	heraus-fordernd
vergogna *f*	Scham
deglutire	schlucken
spalliera *f*	Rückenlehne

Lucio dà uno sguardo scuro alla madre, poi **abbozza** un sorriso imbarazzato e si siede in silenzio.
Orietta si rivolge ad Elvira: "Purtroppo, cara, devo andare: il centro d'accoglienza apre tra poco. Se hai bisogno di aiuto, suona. Rimani pure seduta, conosco la strada... E grazie per il caffè!"
Sorpresa e un po' confusa, Elvira mormora una **frase di circostanza**. Non sa bene come interpretare l'improvvisa fretta della vicina, ma capisce benissimo il motivo dell'espressione arrabbiata del figlio.
La vicina, intanto, esce sulle scale chiudendo la porta dietro di sé. Appena se ne è andata Lucio comincia a urlare: "Sei impazzita, mamma? Accusare Adriana in quel modo... Devo andare dai carabinieri prima che quella stupida racconti in giro cose false."
Lucio vuole lasciare la stanza, ma Elvira lo prende per un braccio: "Aspetta, figlio mio, ragiona... pensa alle conseguenze. Te la senti di sopportare il giudizio degli altri inquilini, la loro **diffidenza**, la rabbia dei Bresci? Senza considerare la mia posizione... Io ho mentito per te!"
"Nessun **ricatto** morale, mamma! La verità è una sola e non si discute."
La voce di Elvira ora è forte e decisa: "Vuoi fare l'**eroe**, Lucio? Vai prima a vedere i danni a casa tua... Poi ne riparliamo."
Lucio guarda la madre **con aria di sfida**: "Certo, ci vado subito. Anzi, andiamoci insieme! Così forse proverai **vergogna** per la tua bugia!"

Senza nemmeno vestirsi Lucio prende la chiave e va ad aprire la porta del suo appartamento. Elvira lo segue dopo essersi guardata intorno rapidamente sul pianerottolo.

Esercizio 8: L'intruso. Welches Wort ist das „schwarze Schaf" und passt nicht in die Reihe? Unterstreichen Sie!

1. bugia falsità imbarazzo favola
2. scemo ambizioso stupido sciocco
3. contrattare compromettere mettere a rischio danneggiare
4. sorpreso indifeso stupito meravigliato
5. incapace spaventato impaurito terrorizzato

Alla luce del giorno il soggiorno dell'appartamento sembra in condizioni ancora peggiori della sera prima e l'odore di bruciato è molto forte.

Lucio **deglutisce** e fa qualche passo per la stanza. Va verso l'elegante divano di pelle bianca che non ha ancora finito di pagare, passa lentamente la mano sulla **spalliera** e si guarda in silenzio le dita[i] nere.

Zur Erinnerung:
il dito → le dita (Finger)
il braccio → le braccia (Arme)
il labro → le labbra (Lippen)
l'osso → le ossa (Knochen)
l'orecchio → le orecchia (Ohren)
il ginocchio → le ginocchia (Knie)

esitare	zögern

Neanche Elvira parla. Dalla finestra aperta vede Orietta che lascia il palazzo. Prima di attraversare la strada la vicina, con espressione pensosa, alza gli occhi verso la facciata rovinata. Sembra **esitare** brevemente, ma poi, scuotendo la testa, riprende decisa il suo cammino.

Esercizio 9: Completare le frasi. Ergänzen Sie die Sätze mit der Präposition *a*, wo nötig.

1. Ho chiesto ________ Lucio di venire con noi.

2. Hai telefonato ________ Elvira?

3. Ho aspettato ________ Adriana per mezz'ora!

4. Lucio prende la chiave e va ________ aprire la porta del suo appartamento.

5. "Vai prima ________ vedere i danni ________ casa tua!"

Compagni di viaggio

Tiziana Stillo

Dopo una breve visita agli zii di Roma Roberto, un ragazzo di Torino, prende il treno da Roma verso Villa San Giovanni. Sta andando a Messina da sua cugina Rosi. Roberto sta passando un brutto periodo: dopo otto anni di fidanzamento la sua storia con Maura è finita. Durante il viaggio, per caso, comincia a parlare dei suoi problemi con una vicina di posto. La conversazione con la signora sconosciuta si fa sempre più interessante e alla fine il viaggio in treno diventa per Roberto più importante di quanto immaginasse...

Roberto: è un giovane avvocato di Torino.

Signora: ha circa cinquant'anni. È sposata con un italiano, ma vive negli Stati Uniti.

Rosi: è la cugina di Roberto. Vive in Sicilia.

Maura: l'ex ragazza di Roberto è laureata in medicina. Ha vinto una borsa di studio per fare una specializzazione negli Stati Uniti.

Roberto si lascia cadere pesantemente sul sedile del treno. Con un **sospiro** il ragazzo guarda dal finestrino.

> **Stazione Termini** ist der Hauptbahnhof von Rom und steht im Zentrum der Stadt. Er ist Anfang- und Endpunkt vieler Buslinien und Schnittpunkt der Metrolinien A und B. Der 1867 errichtete Kopfbahnhof wurde nach den Diokletiansthermen benannt, die sich ganz in der Nähe des Bahnhofsareals befinden.

La stazione Termini a Roma (i) è piena di persone che partono. Tutti hanno fretta di andare in vacanza.

Nella massa di gente Roberto vede lo zio che, prima di andare via, lo saluta di nuovo con la mano. La compagnia degli zii negli ultimi giorni lo ha **confortato** un po', sta passando un brutto periodo.

Roberto guarda impaziente l'orologio: mancano ancora quindici minuti alla partenza.

Sospira di nuovo e si massaggia leggermente le **tempie**: il caos della stazione gli ha già fatto venire il mal di testa.

Inoltre si sente nervoso: ha dovuto mettere il borsone da viaggio alla fine della **carrozza** perché gli spazi per i bagagli sopra i sedili sono troppo stretti. Questi treni moderni non gli piacciono proprio per niente. Non erano meglio i classici **scompartimenti**? Almeno lo spazio per le valigie era **sufficiente** e c'erano al massimo sei persone. Qui invece si è costretti a **sopportare** la confusione di tutto il vagone. **Altro che** comfort!

sospiro *m*	Seufzer
confortare	trösten
tempia *f*	Schläfe
carrozza *f*	Waggon
scompartimento *m*	(Zug-)Abteil
sufficiente	ausreichend
sopportare	ertragen, aushalten
Altro che ...!	Von wegen ...!

Esercizio 1: Sinonimi. Verbinden Sie die Synonyme!

1.	☐ sedile	a)	tollerare
2.	☐ comfort	b)	caos
3.	☐ confusione	c)	posto
4.	☐ carrozza	d)	vagone
5.	☐ sopportare	e)	comodità

Poi che idea partire proprio prima di Ferragosto[i]! Ma come gli è venuto in mente? Nel corridoio continuano ad andare e venire passeggeri in cerca del proprio posto: è un **fastidioso** avanti e indietro di borse, borsoni e valigie.

fastidioso	störend
tirare un sospiro di sollievo	erleichtert aufatmen
non vedere l'ora di	etw. nicht erwarten können
auricolare *m*	Kopfhörer
lettore *m* **mp3**	MP3-Player
immerso	*hier:* vertieft, versunken

Der Höhepunkt des Sommers in Italien ist der 15. August, **Ferragosto**, bei dem die meisten Italiener Urlaub haben. Traditionell wird *Ferragosto* – der eigentlich ein kirchlicher Feiertag ist (Mariä Himmelfahrt) – am Meer, am See, in den Bergen oder auf dem Land mit einem üppigen Essen im Kreise der Familie oder von Freunden gefeiert.

Arriva una coppia con un bambino urlante. Roberto alza gli occhi al cielo. Lo sapevo, pensa, fortunato come sono, si siederanno proprio accanto a me!
La famigliola invece va avanti, mentre di fronte a Roberto si siede una bella signora di circa cinquant'anni.

Il ragazzo **tira un sospiro di sollievo**. In realtà i bambini gli piacciono molto, ma in questo momento non sopporta niente e nessuno. Anche il caldo è insopportabile, Roberto **non vede l'ora** che il treno parta e che si accenda l'aria condizionata. Nel frattempo cerca di isolarsi e di rilassarsi con un po' di musica: mette gli **auricolari** del **lettore mp3** e chiude gli occhi.

Esercizio 2: Preposizioni. Lesen Sie weiter und fügen Sie die Präpositionen ein. Ergänzen Sie, wenn nötig, den bestimmten Artikel!

di per a in

Dopo dieci minuti finalmente il treno si muove e, 1. ________ il sollievo di tutti i passeggeri, l'aria condizionata entra 2. ________ funzione. Roberto si guarda intorno: oltre 3. ________ signora davanti 4. ________ lui gli altri vicini 5. ________ posto sono una coppia di turisti stranieri molto tranquilli. I due sembrano **immersi** nella lettura 6. ________ loro guide turistiche.

Per fortuna! Il ragazzo richiude gli occhi e continua ad ascoltare la musica.

Dopo circa tre quarti d'ora di viaggio gli squilla il cellulare.

"Pronto? Ehi, ciao, Rosi! Sì, sono in treno ... fra un po' arriviamo a Napoli ... Sì, sì, a Roma tutto bene. Ti salutano zio

Pietro e zia Marianna :.. A Roma sono stato solo tre giorni ... No, da Torino fino a Roma con la macchina, ho viaggiato con un amico, per fortuna! Il treno oggi è pienissimo, figurati!"

Roberto all'improvviso diventa serio e ascolta in silenzio le parole di Rosi.

Dopo una pausa risponde con voce **tesa**: "No, Maura non l'ho sentita e non la voglio sentire. È finita, te l'ho detto."

Il ragazzo resta in ascolto, poi **ribatte** alzando la voce: "Rosalia, scusa, ma tu da che parte stai? È lei che se n'è andata, no? La scelta l'ha fatta lei, mi pare... Si vede che la carriera per lei è più importante della nostra storia!"

teso	angespannt
ribattere	erwidern
accorgersi	bemerken
avvocato *m* **difensore**	Strafverteidiger
attaccare	*hier:* auflegen
con rispetto parlando	mit Verlaub

Roberto **si accorge** che gli altri passeggeri lo stanno guardando incuriositi e diventa rosso. Poi continua a voce più bassa.

"Che cosa avrei fatto io al posto suo? Ma non lo so! Io non sono al posto suo ... Sì, questo è vero, Rosi, però ... No, io non sono estremo. È che secondo me lei non mi ama più come prima, altrimenti non sarebbe partita ... Quando parli così mi fai proprio arrabbiare, lo sai? Proprio la mia cuginetta preferita si mette a fare l'**avvocato difensore** di Maura! ... Va bene, senti, ne parliamo stasera, d'accordo? ... Se tutto va bene arriviamo a Villa San Giovanni alle 19:51 ... Prendo il traghetto delle 21:20, quindi ci vediamo alle 22:00 al porto di Messina ... D'accordo, a stasera allora, bacio. Ciao!"

Roberto **attacca** e incontra lo sguardo della signora di fronte a lui.

"Queste donne, eh?" dice la signora con tono dolce e materno.

"Davvero, signora! **Con rispetto parlando**, voi donne siete proprio complicate!"

"E voi uomini?" **replica** la signora sorridendo.
"Eh, sì, però buttare via una storia di otto anni per il lavoro, per la carriera... Le sembra giusto?"
"Giusto, ingiusto... è tutto relativo, dipende da tante cose. Una storia d'amore ha sempre due protagonisti, entrambi sono responsabili del rapporto[i]. Quando una storia finisce la **colpa** non è mai di uno solo, specialmente se la relazione dura da tanti anni."

Im Italienischen kann man einen **rapporto** sowohl schreiben (= Bericht) als auch mit jemandem aufbauen (= Beziehung).

Roberto fa una breve pausa di riflessione. Poi, proprio mentre sta per rispondere, si sente una voce dall'**altoparlante**.
"Stiamo per raggiungere la stazione di Napoli Centrale."
"Ah, bella Napoli!" sospira la signora. "Ci siamo venuti in **viaggio di nozze**. Quanti anni sono passati!"
Lo sguardo della signora si perde **trasognato** nel paesaggio dietro il finestrino. Il profilo del Vesuvio domina maestoso il panorama.
"Mi piacerebbe tornarci," riprende poi la signora. "Chissà, magari al ritorno, prima di prendere l'aereo da Roma. Potremmo partire un giorno prima..."
"Quindi non abita a Roma?" domanda Roberto.
"No, vivo negli Stati Uniti. Io e mio marito siamo originari della Calabria, ma ormai viviamo nel New Jersey da più di trent'anni. Adesso torniamo al nostro paese per le ferie. Mio marito è partito prima, io ora lo raggiungo."

replicare	entgegnen, einwenden
colpa *f*	Schuld
altoparlante *m*	Lautsprecher
viaggio *m* **di nozze**	Hochzeitsreise
trasognato	verträumt, entrückt

"Ma **guarda che caso**!" esclama Roberto con un sorriso **amaro**. "Anche la mia ragazza, o meglio, la mia ex ragazza **si è trasferita** negli Stati Uniti."
"Quindi mi sembra di capire che sia questa la causa dei vostri problemi," commenta la signora. Poi aggiunge un po' **imbarazzata**: "Mi scusi, **non sono** certo **affari miei**."
"Ma no, signora, **Si figuri**! Sono stato io a parlarGliene," risponde il ragazzo.

Guarda che caso!	So ein Zufall!
amaro	bitter
trasferirsi	umziehen
imbarazzato	verlegen
Non sono affari miei.	Das geht mich nichts an.
Si figuri!	*hier:* Nicht der Rede wert!

Esercizio 3: L'intruso. Welches Wort ist das „schwarze Schaf"? Unterstreichen Sie!

1. rapporto storia protagonista relazione
2. paesaggio sguardo vista panorama
3. magari indubbiamente forse eventualmente
4. ribattere rispondere replicare ripetere
5. causa colpa motivo ragione

I due rimangono un po' in silenzio, poi Roberto riprende: "E come si sta lì, negli Stati Uniti?"
"Si sta bene. Certo, è uno stile di vita diverso da quello europeo, però si vive bene."

Roberto **annuisce**. Poi, sentendosi osservato, si gira e incontra lo sguardo incuriosito di una ragazza seduta oltre il corridoio. Probabilmente sta seguendo la conversazione fin dall'inizio, o magari già dalla telefonata con Rosi. La ragazza gli sorride, sembra pronta a partecipare al discorso.

annuire	nicken
infastidito	verärgert
↯ **fare quattro chiacchiere**	plaudern
ispirare fiducia a qu.	jmd. Vertrauen einflößen

Roberto si gira subito **infastidito**. Vuole **fare quattro chiacchiere** con la signora, che in qualche modo gli **ispira fiducia**, ma non ha assolutamente voglia di discutere i suoi affari personali con tutto il vagone.

Esercizio 4: Passato prossimo. Schreiben Sie die Sätze ins Perfekt um!

1. Roberto annuisce.

   ____

2. Roberto si sente osservato.

   ____

3. La ragazza segue la conversazione.

   ____

4. Il ragazzo distoglie lo sguardo.

   ____

"E così la Sua fidanzata si è trasferita negli Stati Uniti?" continua la signora.

borsa *f* **di studio**	Stipendium
orgoglioso	stolz
opportunità *f*	Gelegenheit, Chance
ricerca *f*	Forschung
studio *m* **legale**	Anwaltskanzlei

"Sì, da qualche mese. Ha vinto una **borsa di studio** per una specializzazione alla Columbia University di New York. Sa, si è appena laureata in medicina," risponde Roberto cercando di ignorare lo sguardo della ragazza curiosa.

"Oh, ma che brava! Non è così facile entrare in un'università americana."

"Sì, lo so. Infatti io, egoisticamente parlando, speravo che non ci riuscisse. Ma d'altra parte sono anche **orgoglioso** di lei."

"Deve davvero esserne orgoglioso ⓘ, c'è una selezione durissima. Solo i migliori ce la fanno."

Roberto annuisce e sospira, poi aggiunge: "Peccato solo per me. Pensavamo di sposarci, ma a questo punto... non vedo più futuro per noi."

"Com'è drastico! Quanto dura questa specializzazione?"

> "**Ne sono orgoglioso**" kann sowohl bedeuten, dass man auf etwas stolz ist als auch auf jemanden:
>
> Ich bin stolz darauf.
> Ich bin stolz auf ihn/sie/es.

"Minimo due anni, ma poi ci sarebbe l'**opportunità** di entrare a far parte di un gruppo di **ricerca** che lavora ad un progetto speciale, il quale durerebbe almeno altri cinque anni. Tanti... troppi!"

"E Lei non ha la possibilità di trasferirSi, immagino. Posso chiederLe che lavoro fa?"

"Sono avvocato. Trasferirmi? Ci ho anche pensato, sa, ma non mi sembra proprio possibile. Sono riuscito ad entrare nel più prestigioso **studio legale** di Torino da appena sei mesi. Non **me**

la sento di **abbandonare** tutto. Per cercare cosa, poi? Con una professione del genere è difficile andare all'estero. Ho studiato il **diritto penale** italiano, che prospettive avrei in America? Maura, invece, avrebbe potuto anche specializzarsi a Torino, come fa la maggior parte dei suoi compagni di università. O almeno in Europa! Ma forse i suoi sentimenti per me sono cambiati. Forse ha voluto allontanarsi il più possibile da me. Gliel'ho anche detto: lei si è arrabbiata moltissimo, dice che non è vero. Ma per me un po' è così."

sentirsela di fare qc.	sich in der Lage, fühlen etw. zu tun, etw. übers Herz bringen, Lust zu etw. haben
abbandonare	aufgeben, verlassen
diritto *m* **penale**	Strafrecht
giudicare	beurteilen

"Mah, da fuori è difficile **giudicare**. Per esperienza personale Le posso dire che andare via dal proprio paese non è mai facile, specialmente se lo si fa da adulti. D'altra parte, però, può essere anche una grande opportunità: non solo dal punto di vista professionale, ma anche da quello umano e culturale," replica la signora.

Esercizio 5: Parole della stessa famiglia. Welche Substantive haben denselben Stamm wie die Verben?

1. trasferirsi ____________________
2. specializzarsi ____________________
3. laurearsi ____________________
4. studiare ____________________
5. cambiare ____________________

"Biglietti, prego!" la voce del controllore interrompe il discorso. I viaggiatori mostrano i biglietti, poi il controllore va avanti e il cellulare della signora squilla:

confidenziale	vertraulich
intendersi di qc.	sich mit etw. auskennen
assomigliare a qu.	jmd. ähnlich sein

"Pronto? Amore di nonna! Ciao! Come stai? ... Sì, sono in treno! Mi aspetti? Non vedo l'ora di abbracciarti... Chissà come sei cresciuta! ... Ma certo che ho un regalino per te, che domande! ... Va bene, tesoro, passami il nonno allora. Ciao, bellissima! Ciao, a più tardi! ... Pino? Sì, sì, tutto bene ... No, è puntuale, almeno fino a adesso... Ci vediamo alla stazione, d'accordo. Ciao, a dopo!"

"Così giovane è già nonna?"

"Eh sì... di una nipotina me-ra-vi-glio-sa! Lo so, lo so, lo dicono tutte le nonne!" ride la signora.

"Ed è giusto che sia così!" risponde Roberto sorridendo.

"Pensi un po' i casi della vita," continua la signora in tono **confidenziale**, "in una delle nostre tante vacanze estive qui mio figlio si è innamorato di una ragazza calabrese, l'ha sposata e si è trasferito in Italia! E così da due anni siamo nonni di una bellissima bambina. Guardi, Le faccio vedere una foto che ho sul cellulare... aspetti che provo a visualizzarla... sa, io non **m'intendo** troppo **di** cellulari... Ah, ecco! Ci sono riuscita, guardi!"

La signora mostra orgogliosa a Roberto la foto sul display del cellulare.

"Ma che carina! **Assomiglia** un po' alla nonna, mi pare, vero?"

"Sì, me lo dicono tutti! In realtà assomiglia al papà, ma lui assomiglia molto a me e quindi..."

Esercizio 6: Traduzione. Übersetzen Sie die folgenden Sätze!

1. Das Kind sieht seinen Eltern gar nicht ähnlich.

2. Die Oma ist stolz auf ihre Enkelin.

3. Das neugierige Mädchen war etwas verlegen.

4. Die Dame wurde rot, weil sie sich beobachtet fühlte.

5. Das Mädchen dreht sich verlegen um.

Mentre la signora mette via il cellulare Roberto si gira un momento verso il corridoio e sorprende di nuovo la ragazza di prima a guardare interessata verso di loro. Roberto la fissa, allora la ragazza diventa rossa. Si gira imbarazzata e riprende la lettura del giornale aperto davanti a lei.

farsi gli affari degli altri	seine Nase in fremde Angelegenheiten stecken

È incredibile quanto la gente ami **farsi gli affari degli altri**, pensa Roberto sorridendo. D'altra parte però è comprensibile: viaggiare in treno può essere molto noioso.
"E Lei, quindi, è andata via con Suo marito trent'anni fa?" chiede poi alla signora.
"Eh sì... come passa il tempo! Mi sembra ieri... Io e mio marito siamo originari di Belmonte Calabro, un paesino in provincia di Cosenza. Ci siamo sposati giovani, io avevo vent'anni e lui ventitré [i]. Eravamo felici: famiglia, amici, l'azzurro del mare... Sa, il nostro paese si trova in collina ed ha una vista spettacolare sul mar Tirreno. L'unico problema era il lavoro. Nessuno di noi ne aveva uno fisso. Quali prospettive poteva offrirci un paesino con poco più di duemila abitanti? Un anno dopo il matrimonio è nato il nostro primo figlio ed è arrivata la prima grande responsabilità. Era il momento di trovare una soluzione, una stabilità economica. Mio marito Pino aveva degli zii nel New Jersey emigrati lì dopo la guerra. Così abbiamo deciso di provare."

> Die Zahl drei (**tre**) hat keinen Akzent, wenn sie allein steht, wohl aber in Kombinationen mit *tre* am Ende:
>
> ventitré, trentatré, quarantatré, ...

"Certo che siete stati coraggiosi!" commenta Roberto.
"Eh, ma non immagina quante discussioni abbiamo avuto! Io non volevo, sa? È stato mio marito ad insistere. Così Pino è

partito per primo, da solo. Non potevamo rischiare di andare tutti senza sicurezze e senza garanzie. Siamo stati un anno lontani: un anno terribile per me, fatto di lettere, attese e qualche rara telefonata. Non c'era internet a quei tempi! Ero giovane, avevo un bambino piccolo e mi sentivo sola e abbandonata. Poi avevo paura che lui incontrasse un'altra donna..."

realizzarsi	sich bewahrheiten, sich verwirklichen
maestra *f* **elementare**	Grundschullehrerin
pensieroso	nachdenklich

"Ecco, vede? Anch'io temo questo!"

"Lo so, è comprensibile. Ma le paure non devono per forza **realizzarsi**. Vede, mio marito poi ha trovato un buon lavoro e ha messo da parte i soldi per pagare il viaggio anche a noi. Ho dovuto lasciare tutto: il mio paese, parenti e amici. È stata dura, pensi che non conoscevo neanche la lingua! Però piano piano mi sono abituata, ho imparato l'inglese, ho conosciuto tante persone gentili. Poi, quando i bambini hanno cominciato ad andare a scuola, sono andata ad informarmi presso il consolato italiano. Cercavo anch'io un lavoro, non volevo stare tutto il giorno a casa. E loro mi hanno dato l'idea: mi sono iscritta ad un corso serale e ho preso il diploma di **maestra elementare**. Così ho cominciato ad insegnare. E proprio lì, così lontano da casa, dove non volevo andare, sono riuscita a realizzarmi. Non si sa mai cosa ci riserva la vita, credo che in ogni situazione si nascondano delle opportunità. Bisogna solo saperle riconoscere."

Roberto annuisce **pensieroso**.

"Oh guardi!" esclama dopo un po' la signora guardando fuori dal finestrino. "Siamo già sulla costa! Si vede il mare... che bello! Quando arrivo qui io già mi sento a casa..."

Esercizio 7: Passato prossimo o imperfetto?
Unterstreichen Sie die richtige Verbform!

1. Marito e moglie sono emigrati / emigravano trent'anni fa.
2. Per seguire il marito la donna ha lasciato / lasciava tutto.
3. La signora non ha parlato / parlava l'inglese.
4. La donna si è informata / s'informava al consolato.
5. La signora non ha creduto / credeva di realizzarsi all'estero.

Lo sguardo della donna segue l'immagine del mare che **brilla** alla luce del sole. Il ragazzo **osserva** la sua espressione soddisfatta e la **invidia** un po'.
Nella mezz'ora successiva i due rimangono in silenzio, ognuno immerso nei propri pensieri.
Quando la voce dall'altoparlante annuncia la sua fermata, la signora si alza e dice: "Per me è arrivato il momento di scendere. È stato un piacere!"
"Anche per me! La ringrazio della compagnia e Le auguro buone vacanze!"
"Grazie, anche a Lei! E **mi raccomando... su la testa**! C'è una soluzione a tutto, basta cercarla!"

brillare	glänzen
osservare	beobachten
invidiare	beneiden
Mi raccomando!	*hier:* Bitte!
Su la testa!	Kopf hoch!

Roberto annuisce sorridendo. Alla stazione dove scende la signora c'è tutta la famiglia ad aspettarla. Dal finestrino[i] il ragazzo osserva la scena dell'arrivo: grande emozione generale, baci e abbracci fra nonna, figlio, nuora e, alla fine, il tenero bacio sulle labbra del marito. A Roberto vengono le **lacrime** agli occhi.

lacrima *f*	Träne
accogliere	empfangen
si stringe il cuore a qu.	jmd. krampft sich das Herz zusammen
agonia *f*	Agonie, Todesangst
concludere	*hier:* schließen
ammettere	zugeben
prendere in considerazione	in Betracht ziehen

Questa potrebbe essere la vita di Maura fra qualche anno: essere **accolta** a stazioni ed aeroporti, arrivi felici e sicuramente partenze dolorose. E lui ha deciso di non parteciparci. **Gli si stringe il cuore**. È la decisione giusta?

Mit den Endungen **-ino**, **-etto**, **-ello**, **-icino** und **-otto** kann man Substantive in die Verkleinerungsform bringen. Man hängt an die Endung -a, -e oder -o einfach die Verkleinerungsform an: z.B. libro – librino, ragazza – ragazzina, voce – vocina.

Roberto ripensa all'ultima telefonata con Maura. È stato duro con lei. Le ha detto che non voleva vivere l'**agonia** di un amore che, secondo lui, da parte di lei già non c'era più. Ha **concluso** che sarebbe stato meglio finirla subito. Maura ha pianto tanto. Ha protestato con forza, ha cercato di trovare un compromesso. Ma lui è stato definitivo.

Ora, invece, ripensa alle parole della signora e non è più sicuro di niente. A tutto c'è una soluzione. Sì, lo dice sempre anche sua madre. Ma qual è la soluzione? Dovrebbe forse partire anche lui?

Certo, deve **ammettere** che non si è mai informato concretamente. Non ha mai **preso in considerazione** l'eventualità di andare all'estero, se non per motivi[i] turistici. Gli è sempre sembrato impossibile lasciare tutto e tutti per andare tanto lontano: lui **è** così **attaccato** alla sua città, ai suoi amici, alla sua famiglia...

Esercizio 8: Da dove viene la parola? Schreiben Sie die neutrale Form der „verkleinerten" Substantive auf!

1. topolino ____________	**2.** posticino ____________
3. libricino ____________	**4.** casetta ____________
5. fiumicello ____________	**6.** attimino ____________
7. gattino ____________	**8.** finestrino ____________

Però... forse dovrebbe contattare anche lui il consolato italiano di New York. Magari potrebbe lavorare come avvocato per la comunità italiana, chissà! È la prima volta che Roberto si sorprende a fare un pensiero del genere. Sorride e **scuote** leggermente **la testa**.

Achtung:

motivo *m* = Grund
movente *m* = Motiv

Il ragazzo **si appoggia** con la schiena al sedile, chiude gli occhi e fa un respiro profondo. Il viaggio in treno sta per finire, quasi gli dispiace. E pensare che solo qualche ora prima l'idea di viaggiare in treno gli aveva dato tanto fastidio.

essere attaccato a qu./qc.	an jmd./etw. hängen
scuotere la testa	den Kopf schütteln
appoggiarsi	sich (zurück)-lehnen

Esercizio 9: Cruciverba. Lösen Sie das Kreuzworträtsel und finden Sie das Lösungswort!

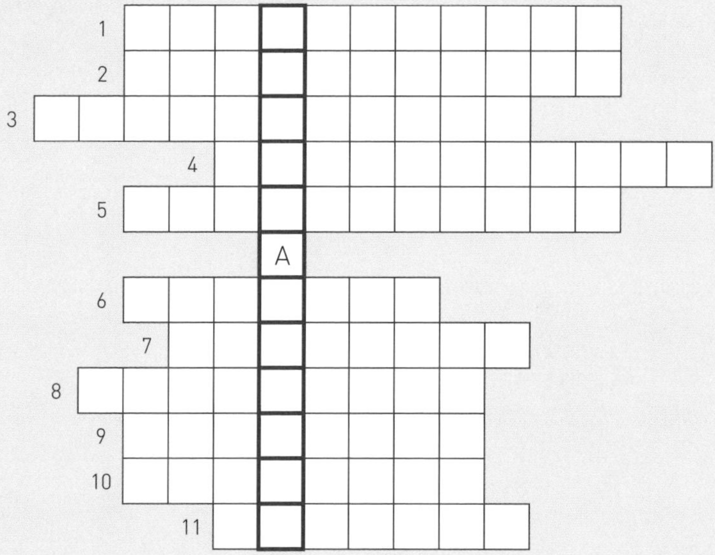

Definizioni:

1. Ho bisogno di parlare un po'. Facciamo quattro ...?

2. Avere successo nella vita privata o nel lavoro.

3. Un sinonimo di possibilità.

4. Una persona contenta di qualcosa è ...

5. Una soluzione diplomatica.

6. Escono dagli occhi quando si piange.

7. Quando nessuno parla c'è ...

8. Si dà quando si saluta una persona con affetto.

9. Il contrario di salire.

10. Una persona che disturba dà ...

11. Il vulcano vicino a Napoli.

Pasticceria Paradiso

Fulvia Oddo

La storia si svolge a Castelbello, un paese immaginario dell'Italia del sud, e, precisamente, all'interno della pasticceria Paradiso. Siamo in inverno, nel mese di febbraio. Un lunedì mattina, poco dopo l'apertura della pasticceria, Ava manda Fabrizio a fare delle consegne. Purtroppo Fabrizio ritarda molto e Ava comincia a preoccuparsi...

Ava: è proprietaria della pasticceria in cui lavora insieme a due assistenti.

Teresa: lavora in pasticceria con Ava ed è più giovane di lei. Spesso si confida con Ava.

Fabrizio: si occupa delle consegne della pasticceria, ma serve anche i clienti quando è necessario.

Signor Mangiacasale: è la vittima della storia. La sua vera personalità nasconde qualche segreto.

Signora Bandi: cliente abituale della pasticceria. Si ferma volentieri a chiacchierare con Ava e Teresa.

Signor Magelli: cliente della pasticceria. È sempre serio e di poche parole.

Ragioniere Augusto Valtellini: cliente della pasticceria, ama i dolci. Il suo hobby principale è la caccia.

"**Accidenti**, ma che fine ha fatto Fabrizio?"
"Non ho proprio idea! Doveva solo **consegnare** i cornetti al signor Mangiacasale, no?"
"Appunto! Erano le sette e mezzo quando è uscito da qui. Normalmente ci mette solo dieci minuti e invece oggi è via da quasi un'ora. E ci sono altre cose da consegnare: la crostata di fragole della signora Carlucci, la torta di compleanno per la figlia del dottor Varesi... Basta, adesso provo a chiamarlo al cellulare."
Teresa **sbuffa**. Anche lei è un po' in pensiero per il collega e non le piace vedere Ava così irritata.
All'improvviso, la porta della pasticceria si apre ed entra di corsa Fabrizio: è tutto rosso in viso, sudato e con gli **occhi sgranati**. Ava e Teresa si scambiano un'occhiata di sorpresa.
"È morto," dice il ragazzo **senza fiato**, "il signor Mangiacasale è morto."
Con lo sguardo **impietrito** Ava domanda: "Che cosa stai dicendo?"
"Ero lì, davanti a casa sua. Ho suonato più volte, ma non apriva nessuno. Poi ho visto il vetro rotto di una finestra e ho deciso di chiamare subito la polizia. Alla fine hanno **forzato la porta** di casa. Lo hanno trovato per terra. Morto. La polizia parla di omicidio. Dicono che qualcuno gli ha **sparato**."
Ava si copre il viso con le mani con orrore e tristezza: il povero signor Mangiacasale era cliente della pasticceria Paradiso da

ϟ **Accidenti!**	Donnerwetter!, Zum Teufel!
consegnare	liefern
sbuffare	stöhnen
occhi sgranati	weit aufgerissene Augen
senza fiato	außer Atem
impietrito	versteinert
forzare la porta	die Tür aufbrechen
sparare	schießen

più di dieci anni. Quando sua moglie era ancora viva, i due venivano tutte le mattine a comprare i cornetti alla crema. Dopo la sua morte però, il marito ha cominciato a uscire poco, preferiva farsi consegnare i cornetti da Fabrizio. Faceva una vita piuttosto semplice e solitaria. Chi poteva avere interesse ad ucciderlo?

Anche Teresa è **sconvolta**: tremante e senza dire una parola, scappa nel **laboratorio** lasciando soli i colleghi.

Ava vuole seguirla, ma proprio in quel momento entra un cliente.

La pasticciera fa un segno a Fabrizio e domanda a bassa voce: "Ci pensi tu?"

sconvolto	bestürzt
laboratorio *m*	*hier:* Backstube
annuire	nicken
deglutire	schlucken

Fabrizio capisce la situazione e **annuisce**. Ava lo ringrazia con lo sguardo e si dirige veloce verso il laboratorio in cerca di Teresa.

La ragazza è seduta su una sedia e ha in mano un fazzoletto di carta.

"Tutto a posto, Teresa?"

"È la fine. Questa storia è la fine."

Teresa ha la faccia pallida, sembra terrorizzata.

"Vuoi dirmi per favore che cosa succede?"

"Ava," dice la ragazza sottovoce, "non ho ucciso io il signor Mangiacasale."

"Ma di cosa stai parlando? Certo che tu..."

Teresa **deglutisce**, si vede che sta facendo uno sforzo per non piangere.

"Ascoltami. Ho bisogno di parlare con qualcuno. È troppo tempo che tengo questa storia per me..."

Ava è molto confusa e non sa come reagire: è tutto così rapido e inaspettato.

Esercizio 1: Correggere gli errori. Jeder der folgenden Sätze enthält einen oder zwei Fehler. Korrigieren Sie sie!

1. Fabrizio dovevo consegnare gli cornetti al cliente.

____

2. Bisogna ancora consegnare la crostata al la signora Carlucci.

____

3. Fabrizio dice alle college che il signor Mangiacasale è morto.

____

4. Il signore faceva una vita semplice dopo la morte della sua moglie.

____

5. Teresa e Ava sono sconvolti e anche Fabrizio è molto triste.

____

"Il signor Mangiacasale era tutt'altro che onesto e gentile," continua Teresa con la voce **soffocata dal pianto**. "Lo sai che **giocava d'azzardo**? Ogni giovedì sera organizzava partite di poker a casa sua. Partite **clandestine**. Si scommettevano moltissimi soldi..."

soffocato dal pianto	tränenerstickt
giocare d'azzardo	zocken
clandestino	illegal
con un filo di voce	mit kaum hörbarer Stimme
assumere	*hier:* einstellen
inquietante	beunruhigend
persona *f* **perbene**	anständiger Mensch

Ava la guarda perplessa[i]: "Teresa, che cosa stai cercando di dirmi? Hai giocato anche tu?"
Teresa resta in silenzio e guarda per terra.
Poi dice **con un filo di voce**: "Sì. E ho perso. Gli ho detto che non potevo pagare subito e che avevo bisogno di tempo per trovare i soldi. Lui non voleva sentire scuse: mi ha dato solo una settimana di tempo."

Oft wird bei italienischen Wörtern griechischen Ursprungs **x** zu **ss**:

perplex	= perplesso
fixieren	= fissare
Anorexie	= anoressia
toxisch	= tossico

Che giornata, pensa Ava, una notizia orribile dopo l'altra.
La prima già era orrenda, ma la seconda, in qualche modo, la sconvolge ancora di più: conosce la collega da molti anni e non avrebbe mai immaginato di sentire una storia simile da lei. Quando l'aveva **assunta**, Teresa le sembrava una ragazza modello. Carina, gentile con i clienti, altruista e con una grande passione per l'opera e la musica classica. Ava non riesce a credere che giochi d'azzardo. Altrettanto **inquietante** le sembra che, secondo quello che dice Teresa, il signor Mangiacasale non era la **persona perbene** che tutti credevano, ma un uomo crudele e senza scrupoli.

Esercizio 2: Parole in disordine. Bringen Sie die Wörter in die richtige Reihenfolge!

1. Mangiacasale | a | d'azzardo | Teresa | del | casa | giocava | signor

___

___

___

2. si | porta | ed | Fabrizio | la | pasticceria | entra | della | apre

___

___

___

3. passione | classica | Teresa | per | grande | ha | musica | la | una

___

___

___

Adesso Teresa piange silenziosamente per non farsi sentire da Fabrizio o dai clienti.

"Ieri sera ho incontrato il signor Mangiacasale verso le otto. Mi aveva detto che il tempo era scaduto e che voleva i soldi che avevo perso a poker. Quando ha capito che non li avevo, si è arrabbiato moltissimo e mi ha **minacciato**: dovevo pagare tutto entro due giorni se non volevo brutte sorprese."

Ava è molto **turbata**. **Abbraccia** Teresa e prova a **confortarla**.

"Ero così nervosa che, dopo l'incontro, sono tornata subito a casa," continua Teresa. "Odiavo quell'uomo, volevo **cancellarlo** dalla mia vita, ma devi credermi..."

"Basta adesso. Ti credo. Torniamo al banco, è già tardi."

In realtà, Ava non sa cosa pensare: Teresa è **innocente**? Ha detto la verità?

Dopo quello che le ha raccontato, infatti, non è più sicura di conoscerla veramente.

minacciare	drohen
turbato	erschüttert
abbracciare	umarmen
confortare	trösten
cancellare	streichen
innocente	unschuldig
guanto *m* **di lana**	Wollhandschuh
diffondere	verbreiten
goloso	naschsüchtig

Sono già le nove e la pasticceria comincia a riempirsi. Quasi tutti i clienti portano pesanti cappotti e **guanti di lana** per proteggersi dal freddo e dalla neve caduta negli ultimi giorni. In un paese come Castelbello le notizie si **diffondono** presto e così tutti sanno tutto ancora prima che ne parlino i giornali e la tv.

Ecco la signora Bandi: anche lei, come il signor Mangiacasale, è una cliente affezionata. È magra come un grissino, ma **golosissima** di dolci, in particolare di biscotti. I suoi preferiti sono quelli alle mandorle, ma spesso compra anche quelli al cioccolato o alla cannella. Ad Ava racconta sempre che sono per i nipotini che vengono spesso a farle visita, ma Ava sa bene che, in verità, i biscotti li mangia lei. I nipoti della signora Bandi, infatti, abitano fuori Castelbello e vengono a trovare la nonna soltanto durante le vacanze.

spiare	ausspionieren
disgrazia *f*	Unglück

La signora Bandi è una donna molto simpatica. Oggi, però, sembra molto seria: dai suoi occhi si capisce perfettamente che ha già saputo dell'omicidio. Lentamente si avvicina alla teca dei dolci per **spiare** meglio lo sguardo delle commesse.

Esercizio 3: Pronomi personali. Lesen Sie weiter und unterstreichen Sie die richtige Variante!

"Buongiorno!" La signora si toglie i guanti di lana, resta per pochi secondi in silenzio e continua: " **1.** Lo / La avete saputo anche voi?"

"Sì, **2.** ve lo / ce l' ha detto Fabrizio mezz'ora fa."

"Una **disgrazia**, certo. **3.** Gli / L' ho visto proprio ieri notte verso le undici, il povero signor Mangiacasale, mentre uscivo dal teatro..."

Sospira e poi fa un sorriso: "Sapete, mio marito **4.** mi / ci ha portata all'opera. Finalmente! Erano anni che **5.** glielo / lo gli chiedevo!"

"All'opera? A sentire cosa?" domanda Teresa con gli occhi ancora un po' rossi di pianto, ma molto incuriosita.

"La Traviata. Uno spettacolo meraviglioso: cantanti **di prim'ordine** e scenografie belliss..."
Ava interviene con un sorriso: "Che cosa desiderava, signora Bandi?"
"Ah sì! Vorrei mezzo chilo di quei deliziosi biscottini alle mandorle. Con il tè (i), **sono la fine del mondo**!"
Ava prende un elegante pacchetto di carta rosa per i biscotti, lo chiude con un **fiocco** dorato e lo porta alla cassa.
La signora Bandi le si avvicina e la prende per il braccio.
"Signora Ava, io frequento questa pasticceria da parecchi anni. Ormai ci conosciamo bene e so che con Lei posso parlare liberamente..."
Ava la guarda **esitante**: "Ma certo, mi dica pure!"
"Ad essere sincera, il signor Mangiacasale mi stava proprio antipatico. Sono sicura che molti la pensano come me. Ma lo sa che qualche anno fa mi ha **licenziato** così, senza una ragione? Che tipo strano!"

Im Italienischen gibt es einige Wörter, die eine völlig andere Bedeutung haben, wenn man einen **Akzent** hinzufügt oder wegnimmt:

te = dich, dir tè = Tee	la = die là = dort
li = sie (Pl.) lì = dort	si = man, sich sì = ja
se = ob, wenn sé = sich (selbst)	da = von, seit, bei dà = er/sie gibt
papa = Papst papà = Papa	meta = Ziel metà = Hälfte
pero = Birnbaum però = aber	casino = Bordell, Chaos casinò = Spielbank

di prim'ordine	erstrangig, erstklassig
essere la fine del mondo	sagenhaft sein
fiocco *m*	Schleife
esitante	zögernd
licenziare qu.	jmd. kündigen

La signora Bandi alza le spalle. Poi apre il portafoglio di pelle nero, paga e si allontana con il pacchetto di biscotti.
La pasticciera si ricorda che, per qualche tempo, la signora Bandi aveva lavorato nella ditta di trasporti del signor Mangiacasale, proprio dietro la pasticceria. Ogni mattina e sera Ava la vedeva passare per andare a lavoro. Un giorno non l'aveva più vista e aveva capito che qualcosa doveva essere cambiato. Adesso sapeva che cosa era successo.

Esercizio 4: Contrari. **Verbinden Sie die Gegenteilpaare!**

1. ☐ terrorizzato	**a)** lento
2. ☐ clandestino	**b)** disinteressato
3. ☐ rapido	**c)** colpevole
4. ☐ innocente	**d)** legale
5. ☐ incuriosito	**e)** rilassato
6. ☐ simpatico	**f)** rispondere
7. ☐ domandare	**g)** antipatico

Oggi c'è molto lavoro. I clienti entrano ed escono continuamente dalla pasticceria e davanti alla teca si è formata una fila di persone che aspettano il proprio turno.
"A chi tocca?" domandano Teresa ed Ava impegnate a servire un cliente dopo l'altro.
Fabrizio, intanto, ha terminato le consegne e dà volentieri una

mano alle colleghe per rendere più rapido il servizio.
Verso l'ora di pranzo, quando ci sono meno clienti, Ava ha il tempo di decorare la **vetrina** della pasticceria con paste, **chiacchiere** e cioccolatini.
Tra breve sarà carnevale e la pasticceria deve essere **addobbata** per l'occasione. Quest'anno Ava vorrebbe appendere delle maschere e delle **stelle filanti** per rendere l'atmosfera del locale più invitante.

vetrina *f*	Schaufenster
chiacchiere *f pl*	*hier:* Karnevalsgebäck
addobbato	ausgeschmückt
stella *f* **filante**	Luftschlange
cenno *m*	Zeichen
inseparabile	*hier:* unvermeidlich
manico *m*	Griff
soglia *f*	Schwelle
scontroso	abweisend

Improvvisamente qualcuno bussa contro la vetrina e richiama l'attenzione di Ava: è il signor Magelli. La pasticciera sorride e con un **cenno** della mano lo invita ad entrare.
Come sempre, il signor Magelli cammina con il suo **inseparabile** ombrello verde dal **manico** di legno scuro: sembra un oggetto molto costoso.
Magelli si ferma un momento sulla **soglia** della porta per pulirsi le scarpe dalla neve, poi si toglie il cappello[i] di cashmere marrone e fissa Teresa.
"Salve, signor Magelli," dice la ragazza impegnata a servire un cliente.

Achtung! Nicht verwechseln:
il cappello = der Hut,
il capello = das Haar.

Ava e Teresa si scambiano veloci un sorriso, attente a non farsi notare: tra tutti i clienti della pasticceria, il signor Magelli è, senza dubbio, uno dei più particolari. Gentile con Ava, ma **scontroso** con Teresa e Fabrizio. È un uomo di poche parole, sempre ben vestito e molto religioso. Ogni domenica va a messa nella chiesa della piazza principale di Castelbello.

Esercizio 5: Lettere in disordine. **Lesen Sie weiter und ordnen Sie die Buchstaben zu sinnvollen Wörtern!**

Senza ricambiare il **1.** autols ______________ di Teresa, l'uomo mette una mano nella **2.** casat ______________ della giacca e **3.** iminacco ______________ a cercare. Dopo pochi secondi, tira fuori la lista della spesa e mette gli **4.** hiciolca ______________ per leggerla.

"Cosa desiderava?" domanda Ava.

"Ah sì!" dice Magelli con la voce rauca. "Tre etti[i] di frutta candita e una scatola di cioccolatini. I migliori, per favore."

In quel momento squilla il telefono.

> Italienische Maße (**misure**):
>
> 1 etto = 100 grammi
>
> 1000 grammi = 1 chilo
>
> 1000 millilitri = 1 litro

"Mi scusi un attimo, signor Magelli. Torno subito," dice Ava mentre chiude la vetrina e va a rispondere.

Magelli le dà uno sguardo di **disapprovazione**: odia attendere il suo turno a lungo. Infastidito, comincia a guardarsi intorno.

disapprovazione *f*	Missbilligung

Nel frattempo, un gruppetto di clienti, tra un'ordinazione e l'altra, si è fermato a chiacchierare con Fabrizio: sono tutti

ansiosi di sapere **per filo e per segno** come ha scoperto il cadavere del signor Mangiacasale, quando ha avvertito la polizia e che cosa hanno detto i vicini. Fabrizio **soddisfa** la curiosità della gente raccontando quello che ha visto.

Il signor Magelli osserva **sprezzante** gli altri clienti e **scuote la testa seccato**. Quando Ava torna da lui, commenta con aria di rimprovero:

"Non gli basta sapere che non c'è speranza di sopravvivere con due **colpi di arma da fuoco**? Gente indiscreta, sempre **affamata** di novità!"

Con un'espressione di disgusto, Magelli paga i suoi cioccolatini e la frutta candita. Poi si rimette il cappello, prende l'ombrello e si avvia verso l'uscita **borbottando** qualcosa di incomprensibile.

Nello stesso istante in cui apre la porta della pasticceria, entra Augusto Valtellini. Il signor Magelli si blocca un attimo e lo fissa per qualche secondo; poi allarga le braccia un po' deluso e si allontana. Il **ragioniere** Valtellini crede vagamente di conoscere quell'uomo, ma non riesce a ricordare chi sia. Si dirige, poi, verso Ava e Teresa.

Augusto Valtellini, fratello della **defunta** moglie del signor Mangiacasale, è un tipo grassoccio con la testa tonda come un uovo. Ha due occhi piccoli come **biglie**, il naso **aquilino** e un paio di baffi neri che gli copre le labbra sottili.

ansioso	*hier:* begierig, ungeduldig
per filo e per segno	in allen Einzelheiten
soddisfare	befriedigen
sprezzante	verächtlich
scuotere la testa	den Kopf schütteln
seccato	gereizt
colpo *m* **di arma da fuoco**	Schuss (Schusswaffe)
affamato	*hier:* gierig
borbottare	murmeln
ragioniere *m*	Buchhalter
defunto	verstorben
biglia *f*	Murmel
aquilino	Adler-

Il ragioniere non è un cliente fisso, ma viene di tanto in tanto a comprare dei pasticcini, che ama consumare in piedi in un angolo del negozio.
I pasticcini gli servono, come dice spesso alle commesse, per riprendere le energie dopo una mattinata di caccia, il suo grande hobby. Ava non lo ha mai visto indossare un abbigliamento diverso dai soliti pesanti stivaloni neri, pantaloni grigi, camicia a quadri e giaccone da caccia.
"Salve a tutti!" dice ora Valtellini con un luminoso sorriso. "Dei pasticcini assortiti, per favore."

Esercizio 6: Preposizioni. Ergänzen Sie den Text mit den fehlenden Präpositionen!

1. Augusto Valtellini dice ____________ commesse che i pasticcini gli servono ____________ riprendere le energie dopo la caccia.
2. I pasticcini sono ____________ mangiare qui ____________ tavolo.
3. I clienti entrano ____________ pasticceria e parlano ____________ Ava.
4. Un cliente è indeciso ____________ cosa prendere.

pinza *f*	Zange
Tra i due non corre buon sangue.	Die beiden haben keinen guten Draht zueinander.
casualmente	zufällig

Da ogni vassoio della teca, Ava sceglie con le **pinze** pasticcini di vario tipo: al pistacchio, con la marmellata di fragole, alle noci, al cioccolato e alla vaniglia.
"Sono da mangiare qui o li incarto?" domanda cortesemente, anche se sa già la risposta.
"Li lasci pure così, li mangio direttamente qui."
Il ragioniere si avvicina al tavolino rotondo all'angolo della pasticceria e comincia a gustare un dolce dopo l'altro.
Sono quasi le due del pomeriggio. A quest'ora il negozio è quasi vuoto: a parte Augusto Valtellini, infatti, c'è solo un altro cliente che osserva la teca dei dolci, ancora indeciso su cosa prendere.
Mentre Fabrizio aspetta pazientemente di servirlo, Ava e Teresa fanno una breve pausa nel laboratorio sul retro della pasticceria.
"Il ragioniere non mi sembra tanto sconvolto per la morte di suo cognato..." bisbiglia Teresa, "tu che dici? Hai visto, poi, con che fame divora quei pasticcini?"
"Non si può dire. Ognuno reagisce in modo diverso di fronte a certe cose. Comunque, sai cosa penso? Tra il ragioniere e il signor Mangiacasale non doveva **correre buon sangue**."
"E perché?" domanda Teresa con aria intrigante.
Ava prende dalla sua borsa un panino e gli dà un morso.
"Naturalmente non posso esserne certa, ma l'anno scorso, prima della morte di sua sorella, l'ho visto passeggiare abbracciato a lei: la signora Mangiacasale piangeva e lui cercava di consolarla. **Casualmente**, il giorno dopo, proprio mentre passavo davanti alla ditta di trasporti del signor Mangiacasale, ho visto lui e il ragioniere discutere animatamente. Non so bene

perché, ma mi ricordo di aver sentito la parola... **tradimento**!" conclude Ava pronunciando l'ultima parola con una **smorfia**.

tradimento *m*	*hier:* Untreue
smorfia *f*	Grimasse
masticare	kauen

Teresa fissa la collega a bocca aperta: "Vuoi dire che il signor Mangiacasale tradiva la moglie?"

Ava mangia ancora un boccone del suo panino e **mastica** lentamente. "Forse. Come ti dicevo, non sono del tutto sicura."

Teresa scuote la testa: "Povera signora Mangiacasale! Che brutta notizia per lei!"

Esercizio 7: Imperfetto o passato prossimo? Setzen Sie die korrekten Verbformen ein!

1. Ava vedere ________________ il ragioniere e sua sorella: lei piangere ____________________ e lui la consolare ____________.
2. Ogni domenica il signor Magelli andare ________________ a messa.
3. Mentre uscire ________________ dal teatro, la signora Bandi incontrare ________________ il signor Mangiacasale.

4. Il signor Magelli guardare ______________ per un momento Augusto Valtellini e poi andare ______________ via.

5. Mentre Ava decorare ______________ la vetrina, Teresa servire ______________ i clienti.

Intanto nella pasticceria il ragioniere, con la bocca ancora piena e qualche **briciola** sul giaccone, va alla cassa.
“Sono cinque euro in tutto,” dice Fabrizio con l’aria un po’ stanca.
Il ragioniere apre lo zaino per cercare il portafoglio, ma non lo trova.
“Accidenti! Il portafoglio è sicuramente in macchina. Sto diventando vecchio,” ride imbarazzato, “dimentico sempre tutto... Abbia pazienza, Fabrizio, vado un momento in macchina a prendere il portafoglio!”

briciola *f*	Krümel
ricomporsi	sich wieder fassen

Augusto Valtellini si dirige verso la porta a vetri della pasticceria e, improvvisamente, come colpito da un fulmine, si porta una mano alla fronte: “Ecco chi era prima!”
Fabrizio lo guarda perplesso. “Cristiano Magelli, l’eterno

Häufig hört man im deutschsprachigen Raum „uno momento“. Es ist ein deutsches „Möchtegern-Italienisch“ und falsch. Den unbestimmten Artikel **uno** benutzt man nur vor männlichen Substantiven, die mit s+Konsonant und z anfangen: z. B. **uno zoo, uno sbaglio.**

fidanzato di mia sorella! Com'è cambiato, erano anni che non lo vedevo. Non l'ho proprio riconosciuto. Cristiano... lui sì che era un tipo diverso: onesto..."

Il ragioniere sospira un attimo e poi **si ricompone**: "Torno subito, Fabrizio!"

Esercizio 8: Riconoscere i gesti. Welche Aussage passt zu welcher Gestik? Ordnen Sie die beschriebene Gestik den Aussagen zu!

1. "Domani ho un esame! Incrociamo le dita!"
2. "Ecco! Finalmente mi ricordo chi era la persona che ho visto ieri al cinema! Era Laura, la mia compagna di scuola!"
3. "Non me ne frega proprio nulla!"
4. "Cosa vuoi dirmi? Vieni al dunque!"

☐ **a)** Ricordare qualcuno o qualcosa (Die flache Handinnenseite schlägt auf die eigene Stirn)

☐ **b)** Augurare il bene (Zeige- und Mittelfinger sind überkreuzt sichtbar)

☐ **c)** Invitare una persona di accorciare o finire un discorso (Handrücken zeigt nach unten, Fingerspitzen schließen und öffnen sich zur Mitte hin)

☐ **d)** Esprimere indifferenza, disinteresse (die Oberseite der Finger oder auch nur der Zeigefinger streicht unter dem Kinn von hinten nach vorne)

Pochi minuti dopo Valtellini ritorna e paga i pasticcini. Quando finalmente arriva la sera e la pasticceria chiude, Fabrizio e Teresa cominciano a mettere da parte i dolci e a pulire la teca e il bancone. Ava **sorseggia** un tè caldo. È stata una lunga giornata, piena di sorprese e molto stancante.

sorseggiare	schlürfen, in kleinen Schlucken trinken
giungere	erreichen

Esercizio 9: La parola nascosta. Übersetzen und enträtseln Sie das Lösungswort!

1. dünn _ _ ☐ _ _
2. Kekse _ ☐ _ _ _ _ _ _ _
3. kauen _ ☐ _ _ _ _ _ _ _ _
4. Gewehr _ _ _ _ ☐ _
5. Süßigkeiten _ _ ☐ _ _
6. Mord ☐ M _ _ _ _ _ _

Lösung: ☐☐☐☐☐☐

La radio, intanto, trasmette il radiogiornale: "Ci **giunge** in questo momento la notizia dell'omicidio di Enrico Mangiacasale, pensionato sessantacinquenne originario di Castelbello. La vittima sarebbe morta in seguito a due colpi di **fucile**. Ulteriori informazioni sull'omicidio verranno date nelle prossime edizioni del radiogiornale. E adesso passiamo allo sport...".

fucile *m*	Gewehr
rovesciare	verschütten

Ava **rovescia** la tazza di tè sul pavimento. Le tremano le mani: è sicura di sapere chi ha ucciso il signor Mangiacasale.

Una giornata speciale

Anna Ballarin Denti

Clarissa, una giovane donna, va a Bellagio sul lago di Como per una conferenza di lavoro. Dal suo intervento dipende un'importante promozione. Quando diventa vittima di una rapina e si trova senza il materiale necessario per prepararsi al suo intervento, la ragazza si innervosisce moltissimo. Ma è proprio attraverso l'esperienza della rapina che viene a conoscere Luca, un giovane solare e positivo che le mostra una nuova prospettiva di vita.

Clarissa: è una ragazza milanese molto diligente che si concentra completamente sul lavoro senza rendersi conto che lo stress le fa male.

Luca: un giovane ragazzo di Bellagio. Ha un carattere molto solare. È sempre pronto ad aiutare chi ha bisogno senza chiedere nulla in cambio.

Capo di Clarissa: un professore universitario molto severo ed esigente.

Clarissa è ferma sul **lungolago** di Bellagio. Con lo sguardo fisso ammira le montagne ancora verdi che circondano il lago di Como. Per un attimo si gode il clima **mite** e piacevole. Intorno a lei silenzio e pace. Poi all'improvviso ha una sensazione strana, si sente osservata. Subito dopo viene spinta in avanti con forza. D'istinto chiude gli occhi e per un attimo non vede più nulla.

lungolago *m*	Seepromenade
mite	mild
spaventato	erschrocken
appoggiarsi	sich anlehnen
porgere	reichen
rapina *f*	Raub(überfall)
secco	*hier:* schroff

"Al ladro, al ladro, presto!" Clarissa sente intorno a lei delle voci. "È scappato da quella parte, verso la chiesa!" esclama un'altra voce. "Le ha preso la borsa!"
La ragazza, **spaventata**, riapre lentamente gli occhi: è a terra e intorno a sé vede alcune persone che la stanno guardando preoccupati.
Clarissa cerca con la mano la sua borsa: è vero, non c'è più! Che sfortuna, pensa tra sé e sé, proprio a me doveva succedere una cosa simile! E proprio oggi!
"Ecco signorina, **Si appoggi** a me, L'aiuto io a rialzarsi," dice un'altra voce.
Clarissa alza lo sguardo e vede un giovane di circa trent'anni. Le sta **porgendo** la mano sorridendo. Le altre persone intanto si stanno allontanando.
"Chi è Lei, scusi?" chiede scettica.
"Ho visto la **rapina** e sono venuto ad aiutarLa," le spiega il ragazzo. "Mi chiamo Luca."
"Io sono Clarissa, piacere. Comunque non ho bisogno del Suo aiuto, grazie lo stesso," gli risponde **secca** lei.
"Ma si sente bene, signorina?" continua Luca. "Si è forse fatta male? Vuole che Le chiami un'ambulanza?"

Esercizio 1: Parole nascoste. Bringen Sie die Buchstaben in die richtige Reihenfolge und finden Sie die gesuchten Partizipien!

1. postapac ____________________
2. versotosa ____________________
3. gagappotio ____________________
4. rossiro ____________________
5. ssoortip ____________________
6. oovltu ____________________

Clarissa si sente ancora molto confusa.
"Si ricorda perché si trovava qui prima della rapina?" insiste Luca.
"Sì, sono partita stamattina da Milano in autobus. Sono qui per il mio lavoro: devo partecipare a una conferenza sul clima proprio domani. Sono venuta un giorno prima per avere il tempo di preparare il mio **intervento** alla conferenza."
Poi continua preoccupata: "Ora però senza la mia borsa... c'era anche il computer dentro, che disastro! Devo andare subito a fare la **denuncia** alla polizia!"

intervento *m*	*hier:* Vortrag
denuncia *f*	Anzeige

"La posso accompagnare io. La **questura** è proprio qui di fronte. Le posso fare da **testimone**, ho visto il tipo solo di spalle, però..."
"D'accordo."
I due attraversano la strada ed entrano in questura.
"Desidera, prego?" chiede a Clarissa il poliziotto all'ingresso.
"Dovrei denunciare il **furto** della mia borsa."
I tre entrano nell'ufficio. Clarissa e il ragazzo raccontano al poliziotto l'accaduto. L'agente **redige** il **verbale** e glielo fa firmare.
"Pensate di riuscire a trovare la mia borsa?" chiede speranzosa.
"Ne dubito," le risponde il poliziotto, "ma se ritroveremo la borsa o il suo contenuto, Le telefoneremo immediatamente, signora."
"Va bene, grazie."
I due ragazzi escono dalla questura.
"E ora come faccio?" Clarissa è preoccupatissima. "Per preparare il mio discorso mi servono i **file** che erano sul computer! Pensi che stupida: non mi sembrava sicuro lasciarlo in albergo... Da questa conferenza dipende un'importante **promozione** sul lavoro! Non posso permettermi di **fallire**!"
"È davvero sfortunata, che poi Bellagio in realtà è una cittadina tranquilla... Non riesce a **recuperare** quei documenti in qualche altro modo?" le chiede Luca.
"Potrei farmeli spedire dalla mia collega: ma è in ferie e rientra solo stasera!"
"Beh, allora cerchi di riposarsi, faccia una passeggiata rilas-

questura *f*	Polizeipräsidium
testimone *m*	Zeuge
furto *m*	Diebstahl
redigere	verfassen
verbale *m*	Bericht, Protokoll
file *m*	Datei
promozione *f*	Beförderung
fallire	scheitern
recuperare	*hier:* wiederbekommen

sante tra le bellezze di Bellagio," le propone Luca. "Ne ha bisogno, sembra ancora molto agitata per l'accaduto."
"Non mi sembra proprio che **sia il caso**," gli risponde arrabbiata la ragazza.
Fra l'altro non si sente per niente bene, forse anche perché quella mattina con la fretta di partire si era dimenticata di fare colazione.
"Che ne dice di cappuccino e brioche?" le propone Luca.
"Non Si ricorda forse che mi hanno appena rubato tutto? Non ho un centesimo!"
"Ma offro io, naturalmente!"
Clarissa deve mangiare, si sente sempre più debole. Allora, anche se malvolentieri, accetta l'invito: "D'accordo, ma poi vorrei tornare subito in albergo, non mi va di perdere la giornata in giro per Bellagio!"

Esercizio 2: Aggettivi. Lesen Sie weiter und fügen Sie die fehlenden Adjektive ein. Achten Sie dabei auf die richtige Endung!

bello storico conservato medievale

Luca si meraviglia: "Perdere la giornata in giro per Bellagio? È una delle cittadine più 1. __________ d'Italia!"
Luca e Clarissa iniziano a incamminarsi per i **vicoli** 2. __________ della città, tra case 3. __________ ancora ben 4. __________ al cui interno si aprono bellissime corti che danno sul lago.

non essere il caso	nicht angebracht sein
vicolo *m*	Gasse
squillo *m*	Klingeln, Ton
sollevato	erleichtert
trasformarsi	sich wandeln
imprecare	fluchen
ϟ **Parla bene Lei!**	Sie haben gut reden!
ornato	verziert
affreschi *m pl*	Fresken
affacciarsi su qc.	*hier:* auf etw. blicken
vetta *f*	Spitze
appuntito	spitz
terso	klar, rein

Clarissa tira fuori dalla tasca della giacca il suo cellulare. Per fortuna almeno quello non era nella borsa! Digita velocemente un messaggio: "Mi scusi, Luca, ma devo mandare un sms alla mia collega. Chissà, forse riesce a inviarmi i file anche prima di stasera."

Il ragazzo non fa in tempo a rispondere che il cellulare di Clarissa fa uno **squillo**.

"Ecco, ha già risposto!" sorride **sollevata** lei.

Ma appena legge il messaggio il sorriso **si trasforma** in un'espressione disperata.

"Accidenti!" **impreca** Clarissa. "Non riesce proprio a spedirmeli prima di stasera!"

"Ora Si rilassi, non pensi più ai file!" le consiglia Luca.

"Eh sì... **parla bene Lei**!" risponde Clarissa nervosa.

I due giovani raggiungono il bar Centrale, si siedono a un tavolino e ordinano la colazione.

Il caffè è su una piccola piazza circondata da case colorate e **ornate** con **affreschi** religiosi. Molti turisti siedono ai bar che **si affacciano** sulla piazza. Scattano continuamente fotografie alle montagne con le **vette appuntite** che si vedono sullo sfondo. Il cielo è **terso** e il caldo sole estivo si riflette sui tavolini di metallo dei bar.

Dopo un po' arriva il cameriere: "Ecco a voi due cappuccini e due brioche."

Quando assaggiano le brioche ancora calde Luca chiede a

Clarissa: "Se non Le dispiace potremmo darci del tu. Cosa ne dice?"

"D'accordo, Luca," sorride lei guardandolo con attenzione per la prima volta. Ha proprio dei begli occhi, non se ne era resa conto. Oltre a essere simpatico è anche un bel ragazzo, pensa.

sorseggiare	in kleinen Schlucken trinken
pittoresco	malerisch
afa *f*	Schwüle, Hitze
freneticamente	hektisch
concedersi qc.	sich gönnen, sich erlauben

Clarissa sta **sorseggiando** il suo cappuccino e per un attimo si gode il bel paesaggio che ha davanti. Le sarebbe sempre piaciuto vivere in un luogo così tranquillo e **pittoresco**. La vita, però, le ha fatto fare altre scelte.

"A cosa stai pensando?" Luca interrompe i suoi pensieri. "Finalmente sembri un po' più serena."

"Sai, io vivo a Milano, non sono abituata a questo panorama[i] stupendo. Lì in questa stagione l'**afa** ti toglie il respiro, mentre in inverno il cielo è sempre grigio e la nebbia copre tutti gli edifici. La gente poi corre tutto il giorno e pensa sempre al lavoro... proprio come me! Non c'è mai un attimo per rilassarsi. Qui è molto diverso."

Einige italienische Wörter enden auf **-a**, obwohl sie männlichen Geschlechts sind. Meist handelt es sich dabei um Begriffe mit griechischen Wurzeln:

il panorama, il tema, il sistema, il problema, il trauma

"È vero, è un altro modo di vivere: qui le persone lavorano meno **freneticamente** e **si concedono** qualche ora di pausa per godersi questi luoghi meravigliosi. Da quanto tempo non ti prendi una giornata di vacanza?" le chiede Luca dando un morso alla sua brioche.

Esercizio 3: Parole in disordine. Bringen Sie die Wörter in die richtige Reihenfolge!

1. ragazza di amica contattare sua la cerca la

____

____

2. fotografie monti molte persone ai fanno

____

____

3. ha documenti Clarissa suoi urgente dei bisogno

____

____

4. a vivere lago davanti Clarissa al piacerebbe

____

____

"Beh, è da un po' di tempo. A essere sincera, non me lo ricordo neanche!" risponde divertita Clarissa. "Negli ultimi anni **mi sono dedicata** completamente al lavoro. Il mio capo è molto **esigente**. Basta una piccola **distrazione** e lui **licenzia** immediatamente. Ottenere una promozione poi è ancora più difficile: questa conferenza rappresenta per me un'occasione unica!"

Luca è perplesso: "Tutto questo non va bene: troppo lavoro crea solo stress e fa male alla salute."

"Ma io non sono stressata!" protesta Clarissa.

dedicarsi a qc.	sich etw. widmen
esigente	anspruchsvoll
distrazione *f*	Zerstreutheit
licenziare	kündigen
perdere di vista	aus den Augen verlieren
straordinari *m pl*	Überstunden

"Se lo dici tu... comunque, non mi sembri troppo soddisfatta della vita che fai," afferma Luca.

Clarissa abbassa lo sguardo. Sa che Luca ha ragione. Da quando ha iniziato questo lavoro, quindici anni prima, non ha più un minuto per sé stessa. Ha **perso di vista** gli amici e non esce quasi mai di casa. È sempre in ufficio a fare **straordinari**.

"Prendete ancora qualcosa?" chiede loro il cameriere in livrea, interrompendo i pensieri di Clarissa.

Luca la guarda in modo interrogativo.

"No, no, grazie!" risponde la ragazza.

"Allora sono dieci euro precisi!" dice il cameriere.

"Ecco qua." Luca paga il conto.

Die **Villa Serbelloni** am Comer See liegt in Bellagio auf dem Hügel oberhalb des historischen Zentrums. Der sehenswerte Park kann bei einem geführten Rundgang besichtigt werden. Die Besonderheit der Lage auf der Halbinsel bewirkt, dass man einen einzigartigen Ausblick auf beide Arme des Comer Sees hat.

Esercizio 4: Pronomi personali. **Lesen Sie weiter und setzen Sie die passenden Personalpronomen ein!**

"Grazie e buona giornata, signori," 1. ____________ saluta il cameriere.

" 2. ____________ ringrazio molto," dice la ragazza a Luca.

"È stato un piacere. 3. ____________ andrebbe di venire con 4. ____________ a visitare i giardini di Villa Serbelloni?" propone Luca a Clarissa. "Sono uno dei luoghi più belli del paese. E oggi l'ingresso è pure gratuito!"

"No, ti ringrazio. Preferirei tornare in albergo. Domani c'è la conferenza," risponde lei.
"Perché, scusa? Ti hanno rubato tutto! E poi non mi dire che, precisa come sei, non ti sei già preparata tutto nei minimi dettagli! Dopo questo spavento ti **conviene** farti un bel giro e passare una giornata di pace," cerca di **farla ragionare** Luca.
"Beh..." Clarissa riflette un attimo. In effetti senza il computer e i file non può fare nulla. E in fondo il discorso lo conosce praticamente già a memoria. Però non è da lei andarsene in giro il giorno prima di un'importante conferenza. Il suo capo non glielo perdonerebbe mai.
"Non faresti niente di male: **sei** praticamente **costretta** a prenderti un pomeriggio di pausa. In questo modo arriverai più in forma domani al congresso," insiste Luca. "Poi Villa Serbelloni[i] è proprio qui

convenire a qu.	besser für jmd. sein
fare ragionare qu.	jmd. zur Vernunft bringen
essere costretto	gezwungen sein

dietro! Non te ne **pentirai**. Vieni, dobbiamo andare da quella parte."

Clarissa è **travolta** da tanto entusiasmo e tanta insistenza, così riesce solo a dire: "Beh, se non ci mettiamo molto..."

pentirsi di qc.	etw. bereuen
travolgere	überwältigen, überrollen
fare da guida	*hier:* den Fremdenführer spielen
promontorio *m*	Kap
mozzafiato	atemberaubend
terrazzato	stufig, terrassenförmig
ruscelletto *m*	Bächlein

I due si incamminano. La giornata è davvero splendida e già dalla strada sul lungolago è possibile intravedere la villa.

"Ecco, guarda, Villa Serbelloni è proprio lì davanti a noi!" indica Luca.

"Ma è veramente bellissima!" esclama entusiasta la ragazza. "Purtroppo non conosco per niente la sua storia."

"Beh, ti **farò** volentieri **da guida**: nel 1605 i proprietari del luogo l'hanno fatta costruire su questo **promontorio**. Poi nel 1788 è stata venduta a Alessandro Serbelloni che ha fatto realizzare gli splendidi giardini che visiteremo. Infine nel 1930 una principessa americana l'ha comprata e ne ha fatto un centro congressi."

Clarissa ascolta con interesse.

"Peccato che il mio congresso non si tenga qui!" esclama la ragazza.

I due giovani arrivano all'ingresso ed entrano nei giardini della villa.

Il panorama è **mozzafiato**: alberi di ulivi e cipressi arrivano fino in riva al lago. I giardini **terrazzati** sono ricoperti da colorate varietà di fiori. Tra le piante si aprono bellissime grotte da cui escono **ruscelletti** d'acqua. Alla fine della discesa si vede poi il lago di un bellissimo colore turchese.

I due passano quasi un'ora a visitare i giardini.
"È stupendo. Mi sembra quasi un sogno!" esclama Clarissa. "Ti ringrazio molto per questa bellissima idea!"
"Non c'è di che!" sorride Luca. "Che ne dici di mangiare qualcosa? È quasi mezzogiorno e mezzo e avrei un po' di fame. Potremmo andare..."
La frase di Luca è improvvisamente interrotta da uno squillo.
"Oh, è il mio cellulare, scusami!" Clarissa cerca freneticamente il cellulare in tasca. "Devo proprio rispondere, è il mio capo."
Clarissa si allontana per parlare. Luca la osserva da lontano: parla al telefono velocemente e sembra diventare sempre più nervosa. Dopo qualche minuto torna da lui.
"Che cosa ti succede?" le chiede. "Hai una faccia! Ci sono dei problemi al lavoro?"

Esercizio 5: Sinonimi. Lesen Sie weiter und unterstreichen Sie die Synonyme der folgenden Wörter!

1. superiore **2.** discorso **3.** rapina **4.** spedito

"Sì. Il mio capo voleva sapere se sto preparando con attenzione il mio intervento per domani. Accidenti, ovviamente gli ho detto di sì, lui non sa niente del furto! Mi ha anche pregata di leggere un articolo sul clima che mi ha inviato per posta elettronica. Mi dispiace, Luca, ora devo proprio tornare in albergo."

"Perché non gli hai detto niente?"
"Non potevo! Mi avrebbe considerato disattenta e incompe-

tente... Assolutamente no, lui non avrebbe capito," afferma lei.

"Secondo me, comunque, oggi dovresti riposarti, sei troppo agitata e nervosa. Dai, vieni con me a pranzo!"

Luca non fa in tempo a finire la frase che vede il volto di Clarissa impallidire di colpo.

chinarsi su qu.	sich über jmd. beugen
rinvenire	wieder zu sich kommen
giramento *m* **di testa**	Schwindelanfall
pressione *f*	Druck
staccare	*hier:* abschalten, eine Pause einlegen

Dopo qualche secondo la ragazza cade a terra.

"Clarissa, Clarissa, mi senti?" Luca **si china** su di lei e cerca di farla **rinvenire**. La giovane donna apre gli occhi, ma è ancora debole.

"Cosa ti è successo? Vuoi un bicchiere d'acqua?" le chiede preoccupato.

"No, no, va tutto bene," risponde Clarissa cercando di tirarsi su lentamente. "È stato solo un **giramento di testa**. Ora sto meglio. Mi succede quando sono sotto stress."

In fondo però Clarissa è molto spaventata.

"Andiamo da un medico!" le propone Luca.

"No, non è necessario. È una reazione psicosomatica. È che sono molto agitata per il convegno."

"Sei sicura che è solo questo?" domanda Luca preoccupato.

"Mah, sai... forse in questo periodo sto lavorando davvero un po' troppo... non ho più un minuto libero," ammette la giovane. "Io amo molto il mio lavoro, ma con tutto lo stress e la **pressione** degli ultimi anni ormai mi rendo conto che ho perso l'entusiasmo. È un peccato. Visitando questi giardini per un momento mi sono sentita così libera e felice, poi però la telefonata..."

"Credo che tu dovresti proprio **staccare** un po', sai? Se continui così domani al convegno non ci arrivi."

sorreggere	stützen
corteo *m*	*hier:* Festzug
farcito	gefüllt

"Sì, forse per oggi dovrei davvero prendermi una pausa. Potrei continuare a lavorare stasera."

"Giusto! Allora vieni con me, dai!" le dice entusiasta lui.

"Dove mi porti?" Clarissa si sente già meglio e si rialza lentamente.

"È una sorpresa!" esclama Luca **sorreggendo** la ragazza.

I due si dirigono verso la piazza della chiesa di San Giacomo.

"Lo senti questo profumo?" le chiede Luca sorridendo.

"Sì, certo. È buonissimo! Ma che cos'è?"

"È una cosa che non ti puoi perdere[i]! Si tratta del tòc, un piatto molto antico e tipico di Bellagio."

Perdere kann sowohl „verlieren" bedeuten als auch „verpassen":

Non perdere le chiavi!
— Verlier die Schlüssel nicht!
È un'occasione da non perdere!
— Diese Gelegenheit sollte man nicht verpassen!

I due girano l'angolo e proprio di fronte all'antica torre medievale della piazza vedono arrivare un **corteo** di persone danzanti vestite con abiti tradizionali del medioevo. Nella piazza sono stati preparati dei banchetti per il pranzo. Ci sono tende bianche da cui proviene quel buonissimo profumo: stanno cucinando il tòch. Oggi, infatti, è la festa del patrono di Bellagio.

Clarissa si siede a uno dei banchetti e Luca porta due piatti di polenta **farcita** con formaggio locale.

"Ecco il tuo tòc!" le dice porgendole il piatto.

Clarissa lo assaggia.

"Ma è buonissimo!" esclama felice. Mangiando si rende conto che ha fame.

Esercizio 6: Definizioni. Welche Begriffe werden gesucht?

1. La persona che accompagna i turisti a visitare i musei.

   ___

2. L'entrata di un edificio.

   ___

3. Uno spazio nella roccia o sotto terra.

   ___

4. Striscia di terra a contatto con il lago.

   ___

5. Sacco che si porta appeso alle spalle per trasportare oggetti vari.

   ___

"Ora mi sento molto meglio," confessa a Luca quando hanno finito i loro piatti. "Era da anni che non mi sentivo così rilassata. Mi sembra di essere tornata indietro nel tempo, quando con lo zaino in spalla viaggiavo con i miei amici e scoprivo luoghi meravigliosi come questo!"
Mentre Clarissa si guarda intorno sorridente Luca la osserva contento: l'espressione **tesa** sul viso di Clarissa ormai si è trasformata in un leggero sorriso. Sembra ancora più bella di stamattina. Luca è proprio contento di averla conosciuta.

In quel momento la banda del paese inizia a suonare.

"Ti va di ballare?" le chiede Luca.

"Va bene!" Clarissa non si fa pregare.

teso	angespannt
bancarella *f*	Verkaufsstand

I due passano il resto del pomeriggio a ballare e a visitare le **bancarelle** della festa. Non si accorgono del tempo che passa. Alla fine decidono di fare una passeggiata. Si ritrovano poi di

Esercizio 7: Passivo. Formulieren Sie die Sätze im Passiv!

1. I due giovani osservano le persone che danzano.

 ___

 ___

2. Clarissa dedica tutto il tempo libero al lavoro.

 ___

 ___

3. Oggi si festeggia il patrono di Bellagio.

 ___

 ___

4. I cuochi hanno preparato il tòc nelle tende.

 ___

 ___

nuovo sul lungolago, proprio dove si erano incontrati quella mattina. Il sole sta per tramontare dietro alle montagne. Il lago è di un colore albicocca con tante **sfumature** rossastre. Intorno a loro c'è silenzio. Clarissa è **incantata** davanti a quello spettacolo **travolgente**.

> Einige italienische **Farbadjektive** sind unveränderlich, weil sie sich von einem Substantiv ableiten:
>
> albicocca (Aprikose) = aprikosengelb
>
> marrone (Kastanie) = braun
>
> rosa (Rose) = rosa
>
> viola (Veilchen) = violett

"Luca, ti devo dire una cosa," dice timidamente, ma viene bruscamente interrotta dal suono del suo cellulare.

"Di nuovo il mio capo!" si lamenta Clarissa prima di rispondere.

"Sì, certo che sono pronta per domani! ... Penso di avere dedicato il giusto tempo alla preparazione. ... Sì, La chiamo io dopo la conferenza. ArrivederLa." Clarissa chiude velocemente la conversazione.

"Sono proprio fiero di te!" le dice scherzosamente Luca. "Non si può dedicare sempre tutto il proprio tempo al lavoro."

sfumatura *f*	Abstufung, Nuance
incantato	verzaubert
travolgente	überwältigend

Clarissa gli sorride.

"Allora, cosa mi stavi dicendo prima?" chiede Luca tornando serio.

"Volevo ringraziarti! Grazie a te e a questa bellissima giornata a Bellagio ho capito alcune cose. Devo cercare di godermi di più i piccoli momenti felici della vita e accorgermi delle cose magnifiche intorno a me, invece di pensare sempre solo al lavoro."

Esercizio 8: La griglia. Finden Sie sechs Adjektive im Gitternetz!

T	R	A	N	Q	U	I	L	L	O
R	E	S	T	E	Q	U	C	R	R
A	S	T	U	P	E	N	D	O	I
V	E	R	F	D	I	C	A	S	L
O	V	O	C	T	F	U	M	S	A
L	I	S	E	R	E	N	O	Z	G
G	R	S	C	I	O	L	M	A	M
E	M	A	G	N	I	F	I	C	O
N	L	S	I	R	R	I	O	N	N
T	A	T	U	T	N	C	H	E	N
E	T	R	A	N	B	K	I	O	L
I	W	O	S	S	F	I	L	G	A

1. ________________

2. ________________

3. ________________

4. ________________

5. ________________

6. ________________

"Allora adesso hai dei **buoni propositi** da realizzare a Milano!" le dice lui.
"Sì, è proprio così!" risponde Clarissa ridendo. Poi si gira e bacia Luca sulla **guancia**.
"Ora torno in albergo, però. Grazie di tutto."
Sorride e si allontana con passo tranquillo.
Luca questa volta non cerca di fermarla.

buoni propositi *m pl*	gute Vorsätze
guancia *f*	Backe, Wange

Test finale
Soluzioni
Glossario
Indice degli esercizi

Test finale Buoni vicini

Esercizio 1: La parola nascosta. Beantworten Sie die Fragen und finden Sie das Lösungswort!

1. In quale città abitano i Masetti?

Abitano a □ _ _ _ _ _ _.

2. Che cosa faceva Lucio quando Adriana se ne è andata?

Lucio _ _ _ □ _ _ _.

3. Quanti anni ha Elvira?

Ne ha _ _ _ _ _ _ _ □ _ _ _ _ _ _.

4. Quale documento di Adriana è scaduto?

Il _ _ _ □ _ _ _ _ _ _ _ _ _ _ _ _ _ _ _.

5. Come si chiamano i cittadini degli Stati fuori dalla Comunità Europea? Si chiamano

_ _ _ _ _ _ _ □ _ _ _ _ _ _ _.

6. Che cosa c'è sopra la scrivania di Lucio?

C'è il poster della _ _ _ _ _ _ _ _ □ di calcio.

Lösung: □ □ □ □ □ □

Esercizio 2: Parole mancanti. **Vervollständigen Sie die Sätze!**

1. Il numero telefonico dei ____________________ è il 115.

2. Gli ____________________ del palazzo hanno aiutato Elvira.

3. Orietta Pecci presta servizio volontario al centro di ____________________ della ____________________.

4. Elvira non dice la ____________ sulle circostanze dell'incendio.

5. Lucio ha dimenticato il ____________________ acceso.

Esercizio 3: Passivo. **Formulieren Sie die Sätze im Passiv!**

1. Il medico dell'ambulanza ha accompagnato il signor Bordini all'ospedale.

____

2. Elvira invita Orietta a prendere un caffè.

____

3. Lucio ha seguito la ragazza.

____

4. La madre di Lucio accusa ingiustamente Adriana.

____

Test finale Compagni di viaggio

Esercizio 1: Domande. Roberto spricht am Telefon. Was fragt ihn seine Cousine Rosi? Formulieren Sie die Fragen!

1. ______________________________

____

A Roma sono stato solo tre giorni.

2. ______________________________

____

No, da Torino a Roma ho viaggiato in macchina.

3. ______________________________

____

No, Maura non l'ho sentita.

4. ______________________________

____

Prendo il traghetto delle 21:20.

Esercizio 2: La griglia. Finden Sie im Gitternetz sieben Adjektive, die einen Gesichtsausdruck beschreiben können!

I	M	P	A	Z	I	E	N	T	E
J	A	C	P	V	A	C	E	C	E
G	T	F	G	C	T	U	E	Y	L
W	E	E	O	P	E	R	Q	Q	D
O	R	G	O	G	L	I	O	S	O
A	N	U	L	H	N	O	W	I	L
M	O	Q	T	H	O	S	N	T	C
V	I	J	E	B	D	O	O	O	E
P	E	N	S	I	E	R	O	S	O
B	O	P	O	T	O	C	Y	O	U

1. ______________________

2. ______________________

3. ______________________

4. ______________________

5. ______________________

6. ______________________

7. ______________________

Esercizio 3: Congiuntivo. Schreiben Sie die Sätze zu Ende und verwenden Sie dabei den Konjunktiv!

1. Secondo Roberto Maura non lo ama più.

   Roberto pensa ______________________________

   ____.

2. Per la signora c'è una soluzione a tutto.

   La signora crede ______________________________

   ____.

3. Per Roberto la signora è stata coraggiosa.

   Roberto pensa ______________________________

   ____.

4. Forse Roberto s'informa presso il consolato.

   È possibile che ______________________________

   ____.

Esercizio 4: L'alternativa giusta. **Welche Antwort passt? Kreuzen Sie an!**

1. La ringrazio della compagnia.

a) ❒ Si figuri!

b) ❒ D'accordo!

2. Sto passando un brutto periodo.

a) ❒ Coraggio, scuoti la testa!

b) ❒ Coraggio, su la testa!

3. Il mio cellulare non funziona. Puoi aiutarmi?

a) ❒ Mi dispiace, ma non sono affari miei.

b) ❒ Mi dispiace, ma non me ne intendo.

4. Dopo mezz'ora il bambino ha finalmente smesso di piangere.

a) ❒ Allora hai tirato un sospiro di sollievo!

b) ❒ Allora hai fatto un respiro profondo!

5. Non riesce a spedirmi il file stasera.

a) ❒ Non c'è di che!

b) ❒ Accidenti!

Test finale Pasticceria Paradiso

Esercizio 1: Modi di dire. Ergänzen Sie die Sätze mit den folgenden Redewendungen!

correre buon sangue | la fine del mondo | per filo e per segno | giocare d'azzardo

1. Luca è così curioso! Vuole sempre sapere tutto

   ______________________________.

2. Gianni non esce mai con Sergio: tra loro non

   ______________________________.

3. Antonio ama le carte e il rischio. So che _______________

   ____________________ in una bisca clandestina.

4. La pizza? Con la mozzarella di bufala è veramente

   ______________________________!

Esercizio 2: Verbi e aggettivi. Welche Adjektive und Verben haben denselben Stamm wie die angegebenen Substantive?

1. morte _______________ _______________

2. decorazione _______________ _______________

3. curiosità ________________ ________________

4. decisione ________________ ________________

Esercizio 3: Traduzione. Übersetzen Sie folgende Sätze!

1. Ava ist bestürzt über Herrn Mangiacasales Tod.

2. Herr Magelli ist zu allen abweisend, außer zu Ava.

3. Ava weiß jetzt, wer Herrn Mangiacasale ermordet hat.

4. Ava erzählt Teresa, dass Herr Mangiacasale seine Frau betrogen hat.

Esercizio 4: La griglia. In diesem Gitternetz sind acht mögliche Zutaten für Kuchen versteckt. Welche sind es?

C	I	O	C	C	O	L	A	T	O
A	L	L	E	N	N	A	Z	G	O
I	V	A	N	I	G	L	I	A	R
S	B	O	U	L	R	P	A	N	T
O	P	A	T	M	I	E	L	E	B
M	A	R	M	E	L	L	A	T	A
E	N	M	N	I	C	C	H	R	U
U	N	T	O	S	R	U	M	E	O
C	A	T	C	Z	E	A	N	D	V
A	Z	A	I	L	X	I	N	A	A

1. ______________________

2. ______________________

3. ______________________

4. ______________________

5. ______________________

6. ______________________

7. ______________________

8. ______________________

Test finale Una giornata speciale

Esercizio 1: Gerundio. **Setzen Sie die passenden Verlaufsformen ein!**

1. Adesso i due ragazzi andare ____________ alla polizia a fare la denuncia.
2. Clarissa sente che svenire ____________.
3. Luca e Clarissa parlare ____________ quando il cellulare suona.
4. Clarissa passare ____________ un periodo stressante.

Esercizio 2: La parola nascosta. **Enträtseln Sie die Definitionen und finden Sie das Lösungswort!**

1. Il direttore di un ufficio. □ _ _ _
2. Viene dopo il mattino. _ □ _ _ _ _ _ _ _ _
3. Li visitano Clarissa e Luca a Villa Serbelloni. _ _ _ □ _ _ _ _
4. La stazione della polizia. _ _ _ _ □ _ _ _
5. Di che cosa è fatto il tòc? _ _ _ □ _ _ _

Lösung: □ □ □ □ □

Esercizio 3: Traduzione. Übersetzen Sie die folgenden Sätze!

1. Bellagio ist eine der schönsten Städte Italiens.

____

____

2. In Bellagio ist das Wetter mild und angenehm.

____

____

3. Clarissa muss an einer Klimakonferenz teilnehmen.

____

____

4. Luca und Clarissa tanzen zusammen.

____

____

5. Clarissa trinkt gerade ihren Cappuccino.

____

____

Esercizio 4: Cruciverba. Tragen Sie die gesuchten Begriffe ins Kreuzworträtsel ein!

Verticali

1. Circondano il lago di Como.

2. Può essere terso.

Orizzontali

3. C'è spesso nell'aria a Milano ed è grigia.

4. Cima di un monte.

5. Piccolo fiume.

Soluzioni

Buoni vicini

Esercizio 1: **1.** d **2.** a **3.** e **4.** b **5.** c

Esercizio 2: **1.** prova **2.** litigio **3.** reazione **4.** ricordo **5.** causa **6.** suono

Esercizio 3: **1.** in **2.** da **3.** Nella **4.** della **5.** di

Esercizio 4: **1.** Mettiti nei panni/al posto di Adriana!
2. Pensa ai suoi problemi!
3. Non ascoltare i pettegolezzi nel quartiere!
4. Sii aperta con gli stranieri!

Esercizio 5: **1.** sopracciglia **2.** brasiliani **3.** altrettanto **4.** verità **5.** cittadinanza

Esercizio 6:

				[1]C								
			[2]V	I	G	L	I	A	C	C	O	
				T								
[3]D	I	S	A	T	T	E	N	Z	I	O	N	E
A				A								
N				D								
N				[4]I	N	C	E	N	D	I	O	
I				N								
				A			[5]V					
			[6]I	N	Q	U	I	L	I	N	I	
				Z			C					
[7]C	O	M	P	A	S	S	I	O	N	E		
							N					
							I					

Esercizio 7: **1.** Mi dispiace veramente tanto per quello che è successo.
2. La tua mamma mi ha raccontato tutto.
3. Ora bevi un caffè e ti sentirai meglio.

Esercizio 8: **1.** imbarazzo **2.** ambizioso **3.** contrattare **4.** indifeso **5.** incapace

Esercizio 9: **1.** a **2.** a **3.** – **4.** a/ad **5.** a, a

Compagni di viaggio

Esercizio 1: **1.** c **2.** e **3.** b **4.** d **5.** a

Esercizio 2: **1.** per **2.** in **3.** alla **4.** a **5.** di **6.** delle

Esercizio 3: **1.** protagonista **2.** sguardo **3.** indubbiamente **4.** ripetere **5.** colpa

Esercizio 4: **1.** Roberto ha annuito. **2.** Roberto si è sentito osservato. **3.** La ragazza ha seguito la conversazione. **4.** Il ragazzo ha distolto lo sguardo.

Esercizio 5: **1.** trasferimento **2.** specializzazione **3.** laurea **4.** studio **5.** cambiamento

Esercizio 6: **1.** Il bambino non assomiglia per niente ai suoi genitori.
2. La nonna è orgogliosa della sua nipotina.
3. La ragazza curiosa era un po' imbarazzata.
4. La signora è diventata rossa perché si sentiva osservata.
5. La ragazza si gira imbarazzata.

Esercizio 7: **1.** sono emigrati **2.** ha lasciato **3.** parlava **4.** si è informata **5.** credeva

Esercizio 8: **1.** topo **2.** posto **3.** libro **4.** casa **5.** fiume **6.** atto **7.** gatto **8.** finestra

Esercizio 9:

		1	C	H	I	**A**	C	C	H	I	E	R	E		
		2	R	E	A	**L**	I	Z	Z	A	R	S	I		
3	O	P	P	O	R	**T**	U	N	I	T	À				
				4	S	**O**	D	D	I	S	F	A	T	T	A
		5	C	O	M	**P**	R	O	M	E	S	S	O		
						A									
		6	L	A	C	**R**	I	M	E						
			7	S	I	**L**	E	N	Z	I	O				
	8	A	B	B	R	**A**	C	C	I	O					
		9	S	C	E	**N**	D	E	R	E					
		10	F	A	S	**T**	I	D	I	O					
				11	V	**E**	S	U	V	I	O				

Pasticceria Paradiso

Esercizio 1: **1.** dovevo (doveva), gli cornetti (i cornetti) **2.** a la signora (alla signora) **3.** college (colleghe) **4.** della sua moglie (della moglie) **5.** sconvolti (sconvolte)

Esercizio 2: **1.** Teresa giocava d'azzardo a casa del signor Mangiacasale.
2. La porta della pasticceria si apre ed entra Fabrizio.
3. Teresa ha una grande passione per la musica classica.

Esercizio 3: **1.** Lo **2.** ce l' **3.** L' **4.** mi **5.** glielo

Esercizio 4: **1.** e **2.** d **3.** a **4.** c **5.** b **6.** g **7.** f

Esercizio 5: **1.** saluto **2.** tasca **3.** comincia **4.** occhiali

Esercizio 6: **1.** alle, per **2.** da, al **3.** in, con **4.** su

Esercizio 7: **1.** ha visto, piangeva, consolava **2.** andava **3.** usciva, ha incontrato **4.** ha guardato, è andato **5.** decorava, serviva

Esercizio 8: **1.** b **2.** a **3.** d **4.** c

Esercizio 9: **1.** magro **2.** biscotti **3.** masticare **4.** fucile **5.** dolci **6.** omicidio

Lösung: giallo

Una giornata speciale

Esercizio 1: **1.** scappato **2.** osservato **3.** appoggiato **4.** sorriso **5.** risposto **6.** voluto

Esercizio 2: **1.** belle **2.** storici **3.** medievali **4.** conservate

Esercizio 3: **1.** La ragazza cerca di contattare la sua amica.
2. Molte persone fanno fotografie ai monti.
3. Clarissa ha urgente bisogno dei suoi documenti.
4. A Clarissa piacerebbe vivere davanti al lago.

Esercizio 4: **1.** li **2.** Ti **3.** Ti **4.** me

Esercizio 5: **1.** capo **2.** intervento **3.** furto **4.** inviato

Esercizio 6: **1.** guida **2.** ingresso **3.** grotta **4.** riva **5.** zaino

Esercizio 7: **1.** Le persone che danzano sono/vengono osservate dai due giovani.
2. Tutto il tempo libero è/viene dedicato da Clarissa al lavoro.
3. Oggi è/viene festeggiato il patrono di Bellagio.
4. Il tòc è stato preparato dai cuochi nelle tende.

Esercizio 8:

T	R	A	N	Q	U	I	L	L	O
R	E	S	T	E	Q	U	C	R	R
A	S	T	U	P	E	N	D	O	I
V	E	R	F	D	I	C	A	S	L
O	V	O	C	T	F	U	M	S	A
L	I	S	E	R	E	N	O	Z	G
G	R	S	C	I	O	L	M	A	M
E	M	A	G	N	I	F	I	C	O
N	L	S	I	R	R	I	O	N	N
T	A	T	U	T	N	C	H	E	N
E	T	R	A	N	B	K	I	O	L
I	W	O	S	S	F	I	L	G	A

Test finale

Buoni vicini

Esercizio 1: **1.** Firenze **2.** cucinava **3.** sessantacinque **4.** permesso di soggiorno **5.** extracomunitari **6.** nazionale

Lösung: fiamme

Esercizio 2: **1.** vigili del fuoco **2.** inquilini **3.** accoglienza, parrocchia **4.** verità **5.** fornello

Esercizio 3: **1.** Il signor Bordini è stato accompagnato all'ospedale dal medico dell'ambulanza.
2. Orietta è/viene invitata da Elvira a prendere un caffè.
3. La ragazza è stata seguita da Lucio.
4. Adriana è/viene accusata ingiustamente dalla madre di Lucio.

Compagni di viaggio

Esercizio 1: **1.** Quanto tempo sei stato a Roma? **2.** Hai viaggiato in treno anche da Torino? **3.** Hai sentito Maura? **4.** Quale traghetto prendi?

Esercizio 2:

I	M	P	A	Z	I	E	N	T	E
J	A	C	P	V	A	C	E	C	E
G	T	F	G	C	T	U	E	Y	L
W	E	E	O	P	E	R	Q	Q	D
O	R	G	O	G	L	I	O	S	O
A	N	U	L	H	N	O	W	I	L
M	O	Q	T	H	O	S	N	T	C
V	I	J	E	B	D	O	O	O	E
P	E	N	S	I	E	R	O	S	O
B	O	P	O	T	O	C	Y	O	U

Esercizio 3: **1.** Roberto pensa che Maura non lo ami più.
2. La signora crede che ci sia una soluzione a tutto.
3. Roberto pensa che la signora sia stata coraggiosa.
4. È possibile che Roberto s'informi presso il consolato.

Esercizio 4: **1.** a **2.** b **3.** b **4.** a **5.** b

Pasticceria Paradiso

Esercizio 1: **1.** per filo e per segno **2.** corre buon sangue **3.** gioca d'azzardo **4.** la fine del mondo

Esercizio 2: **1.** morto, morire **2.** decorato, decorare **3.** curioso, curiosare **4.** deciso, decidere

Esercizio 3: **1.** Ava è sconvolta per la morte del signor Mangiacasale.
2. Il signor Magelli è scontroso con tutti tranne che/eccetto che con Ava.
3. Adesso Ava sa chi ha ucciso il signor Mangiacasale.
4. Ava racconta a Teresa che il signor Mangiacasale ha tradito sua moglie.

Esercizio 4:

C	I	O	C	C	O	L	A	T	O
A	L	L	E	N	N	A	Z	G	O
I	V	A	N	I	G	L	I	A	R
S	B	O	U	L	R	P	A	N	T
O	P	A	T	M	I	E	L	E	B
M	A	R	M	E	L	L	A	T	A
E	N	M	N	I	C	C	H	R	U
U	N	T	O	S	R	U	M	E	O
C	A	T	C	Z	E	A	N	D	V
A	Z	A	I	L	X	I	N	A	A

Una giornata speciale

Esercizio 1: **1.** stanno andando **2.** sta svenendo **3.** stanno parlando **4.** sta passando

Esercizio 2: **1.** capo **2.** pomeriggio **3.** giardini **4.** questura **5.** polenta

Lösung: corte

Esercizio 3: **1.** Bellagio è una delle più belle città d'Italia.
2. A Bellagio il tempo è mite e piacevole.
3. Clarissa deve partecipare a una conferenza sul clima.
4. Luca e Clarissa ballano insieme.
5. Clarissa sta bevendo il suo cappuccino.

Esercizio 4:

				[1] M					
				O				[2] C	
				[3] N	E	B	B	I	A
				T				E	
[4] V	E	T	T	A				L	
				G				O	
				N					
[5] R	U	S	C	E	L	L	O		

Glossario

ϟ = umgangssprachlich
f = feminin
m = maskulin
pl = Plural
irr = unregelmäßiges Verb

abbandonare	aufgeben, verlassen
abbozzare	*hier:* andeuten
abbracciare	umarmen
ϟ **Accidenti!**	Donnerwetter!, Zum Teufel!
accogliere *irr*	empfangen
accorgersi *irr*	bemerken
accorrere *irr*	herbeieilen
addobbato	ausgeschmückt
afa *f*	Schwüle, Hitze
affacciarsi su qc.	*hier:* auf etw. blicken
affamato	*hier:* gierig; hungrig
affresco *m*, **affreschi** *pl*	Fresko
agonia *f*	Agonie, Todesangst
allusivo	*hier:* vielsagend
altoparlante *m*	Lautsprecher
Altro che ...!	Von wegen ...!
amaro	bitter
ammettere *irr*	zugeben

annuire	nicken
ansioso	*hier:* begierig, ungeduldig
appoggiarsi	sich (zurück)lehnen, sich anlehnen
appuntito	spitz
aquilino	Adler-
a sirene spiegate	mit Blaulicht
assomigliare a qu.	jmd. ähnlich sein
assumere *irr*	*hier:* einstellen
assumersi *irr* **le proprie responsabilità**	sich seiner Verantwortung stellen
attaccare	*hier:* auflegen
auricolare *m*	Kopfhörer
avvocato *m* **difensore**	Strafverteidiger(in)
bancarella *f*	Verkaufsstand
biglia *f*	Murmel
borbottare	murmeln
borsa *f* **di studio**	Stipendium
briciola *f*	Krümel
brillare	glänzen
bruciare	brennen
buoni propositi *m pl*	gute Vorsätze
bussare	(an)klopfen
cancellare	streichen
carità *f*	Barmherzigkeit, Nächstenliebe
carrozza *f*	Waggon
casualmente	zufällig
cedere	*hier:* nachgeben
cenno *m*	Zeichen

centro *m* **di accoglienza**	Empfangszentrum
↯ **Che cosa ti è preso?**	Was ist in dich gefahren?
chiacchiere *f pl*	*hier:* Karnevalsgebäck
chinarsi su qu.	sich über jmd. beugen
cittadinanza *f*	Staatsangehörigkeit
clandestino	illegal
cogliere *irr* **l'occasione al volo**	die Gelegenheit beim Schopf ergreifen
colpa *f*	Schuld
colpevole	schuldig
colpo *m* **di arma da fuoco**	Schuss (Schusswaffe)
combinare un guaio	Unheil anrichten
compassione *f*	Mitleid
con aria di sfida	herausfordernd
concedersi *irr* **qc.**	sich gönnen, sich erlauben
concludere *irr*	*hier:* schließen
confidenziale	vertraulich
confortare	trösten
con rispetto parlando	mit Verlaub
consegnare	liefern
con un filo di voce	mit kaum hörbarer Stimme
convenire *irr* **a qu.**	besser für jmd. sein
convivenza *f*	Zusammenleben
corteo *m*	*hier:* Festzug
dedicarsi a qc.	sich etw. widmen
defunto	verstorben
deglutire	schlucken
denuncia *f*, **denunce** *pl*	Anzeige
di prim'ordine	erstrangig, erstklassig

diffidenza *f*	Misstrauen
diffondere *irr*	verbreiten
diritto *m* **penale**	Strafrecht
disapprovazione *f*	Missbilligung
disgrazia *f*	Unglück
disinvoltura *f*	Unbefangenheit
distrazione *f*	Zerstreutheit
eroe *m*	Held
esasperazione *f*	Zermürbung, Verzweiflung
esigente	anspruchsvoll
esitante	zögernd
esitare	zögern
esitazione *f*	Zögern
essere *irr* **attaccato a qu./qc.**	an jmd./etw. hängen
essere *irr* **costretto**	gezwungen sein
essere *irr* **infastidito**	genervt sein
essere *irr* **la fine del mondo**	sagenhaft sein
extracomunitario/a *m/f*, **extracomunitari** *m pl*	Bürger(in) eines Nicht-EU-Staats
facciata *f*	Fassade
fallire	scheitern
farcito	gefüllt
fare *irr* **da guida**	*hier:* den Fremdenführer spielen
ϟ **fare** *irr* **quattro chiacchiere**	plaudern
fare *irr* **ragionare qu.**	jmd. zur Vernunft bringen
ϟ **farla** *irr* **grossa**	großes Unheil anrichten

far *irr* **leva**	*hier:* ausnutzen
farsi *irr* **gli affari degli altri**	seine Nase in fremde Angelegenheiten stecken
fastidioso	störend
Fatto sta che...	Tatsache ist, dass...
file *m*, **file** *pl*	Datei
fiocco *m*, **fiocchi** *pl*	Schleife
fornello *m*	Herdplatte
forzare la porta	die Tür aufbrechen
frase *f* **di circostanza**	Höflichkeitsfloskel
freneticamente	hektisch
fucile *m*	Gewehr
furto *m*	Diebstahl
giocare d'azzardo	zocken
giramento *m* **di testa**	Schwindelanfall
giudicare	beurteilen
giungere *irr*	erreichen
goloso	naschsüchtig
guancia *f*	Wange
guanto *m* **di lana**	Wollhandschuh
Guarda che caso!	So ein Zufall!
imbarazzato	verlegen
immerso	*hier:* vertieft, versunken
impietrito	versteinert
imprecare	fluchen
incantato	verzaubert
incapacità *f*	Ungeschicktheit, Unfähigkeit
incendio *m*, **incendi** *pl*	Brand
indifeso	wehrlos
indignazione *f*	Empörung

infastidito	verärgert
innaffiare	(Blumen) gießen
innocente	unschuldig
inquietante	beunruhigend
inquilino/a *m/f*	Mieter(in)
inseparabile	*hier:* unvermeidlich
intendersi *irr* **di qc.**	sich mit etw. auskennen
intenzionalmente	absichtlich
intervento *m*	*hier:* Vortrag
intontito	benommen, betäubt
intromettersi *irr*	sich einmischen
invidiare	beneiden
ispirare fiducia a qu.	jmd. Vertrauen einflößen
laboratorio *m*	*hier:* Backstube
lacrima *f*	Träne
lettore *m* **mp3**	MP3-Player
licenziare (qu.)	(jmd.) kündigen
lungolago *m*	Seepromenade
maestro/a *m/f* **elementare**	Grundschullehrer(in)
manico *m*	Griff
masticare	kauen
mettere *irr* **in ridicolo**	lächerlich machen
Mi raccomando!	*hier:* Bitte!
minacciare	drohen
mite	mild
Moglie e buoi dei paesi tuoi.	Bleibe im Lande und nähre dich redlich.
mozzafiato	atemberaubend
non essere *irr* **il caso**	nicht angebracht sein

Non sono affari miei.	Das geht mich nichts an.
non vedere *irr* **l'ora di**	etw. nicht erwarten können
occhi *m pl* **sgranati**	weit aufgerissene Augen
opportunità *f*, **opportunità** *pl*	Gelegenheit, Chance
orgoglioso	stolz
ornato	verziert
osservare	beobachten
ϟ **Parla bene Lei!**	Sie haben gut reden!
parrocchia *f*	Pfarrei, Pfarrgemeinde
penombra *f*	Halbschatten
pensieroso	nachdenklich
pentirsi di qc.	etw. bereuen
perdere *irr* **di vista**	aus den Augen verlieren
per filo e per segno	in allen Einzelheiten
permesso *m* **di soggiorno**	Aufenthaltserlaubnis
persona *f* **perbene**	anständiger Mensch
pettegolezzo *m*	Klatsch
pianerottolo *m*	Treppenabsatz
piano *m* **di lavoro**	Arbeitsfläche
pinza *f*	Zange
pittoresco	malerisch
porgere *irr*	reichen
prendere *irr* **in considerazione**	in Betracht ziehen
pressione *f*	Druck
prestare servizio volontario	ehrenamtlich tätig sein
prevedibile	vorhersehbar

promontorio *m*, **promontori** *pl*	Kap
promozione *f*	Beförderung
questura *f*	Polizeipräsidium
ragioniere *m*	Buchhalter
rapina *f*	Raub(überfall)
realizzarsi	sich bewahrheiten, sich verwirklichen
recuperare	*hier:* wiederbekommen
redigere *irr*	verfassen
rendersi *irr* **conto di qc.**	sich über etw. klar werden, etw. begreifen
replicare	entgegnen, einwenden
resistenza *f*	Widerstand
ribattere	erwidern
ricatto *m*	Erpressung
ricerca *f*, **ricerche** *pl*	Forschung
ricomporsi *irr*	sich wieder fassen
rimprovero *m*	Vorwurf
rinunciare a	verzichten auf
rinvenire *irr*	wieder zu sich kommen
rovesciare	verschütten
ruolo *m*	Rolle
ruscelletto *m*	Bächlein
sbuffare	stöhnen
scompartimento *m*	(Zug-)Abteil
scontroso	abweisend
sconvolto	bestürzt
scuotere *irr* **la testa**	den Kopf schütteln
seccato	gereizt

secco	*hier:* schroff
sentirsela *irr* **di fare qc.**	sich in der Lage fühlen, etw. zu tun, etw. übers Herz bringen, Lust zu etw. haben
senza fiato	außer Atem
sfumatura *f*	Abstufung, Nuance
Si figuri!	*hier:* Nicht der Rede wert!
si stringe *irr* **il cuore a qu.**	jmd. krampft sich das Herz zusammen
smorfia *f*	Grimasse
soddisfare *irr*	befriedigen
soffocato dal pianto	tränenerstickt
soglia *f*	Schwelle
sollevato	erleichtert
sopportare	ertragen, aushalten
sorreggere *irr*	stützen
sorseggiare	schlürfen, in kleinen Schlucken trinken
sospiro *m*	Seufzer
sottovalutare	unterschätzen
spalliera *f*	Rückenlehne
sparare	schießen
spaventato	erschrocken
spiare	ausspionieren
sprezzante	verächtlich
squillo *m*	Klingeln, Ton
staccare	*hier:* abschalten, eine Pause einlegen
stella *f* **filante**	Luftschlange

straordinario *m*, **straordinari** *pl*	Überstunde
studio *m* **legale**	Anwaltskanzlei
stupore *m*	Verwunderung, Staunen
Su la testa!	Kopf hoch!
sufficiente	ausreichend
tempia *f*	Schläfe
tenersi *irr* **aggiornato**	sich auf dem Laufenden halten, sich über den neuesten Stand informieren
terrazzato	stufig, terrassenförmig
terso	klar, rein
teso	angespannt
testimone *m/f*	Zeuge, Zeugin
tirare un sospiro di sollievo	erleichtert aufatmen
traccia *f*, **tracce** *pl*	Spur
tradimento *m*	*hier:* Untreue
Tra i due non corre buon sangue.	Die beiden haben keinen guten Draht zueinander.
trasferirsi	umziehen
trasformarsi	sich wandeln
trasognato	verträumt, entrückt
travolgente	überwältigend
travolgere *irr*	überwältigen, überrollen
tremare	zittern
turbato	erschüttert
vendetta *f*	Rache
vendicarsi	sich rächen
verbale *m*	Bericht, Protokoll

vergogna *f*	Scham
vetrina *f*	Schaufenster
vetta *f*	Spitze
viaggio *m* **di nozze**	Hochzeitsreise
vicolo *m*	Gasse
vigili *m pl* **del fuoco**	Feuerwehr(männer)
vigliacco/a *m/f*, **vigliacchi** *m pl*, **vigliacche** *f pl*	Feigling

Indice degli esercizi

	Soggetto	Esercizio	Pagina
Buoni vicini			
1	Vocabolario	Abbinate le parole	11
2	Vocabolario	Parole della stessa famiglia	12
3	Grammatica	Preposizioni	14
4	Grammatica	Imperativo	17
5	Vocabolario	Parole mancanti	19
6	Vocabolario	Cruciverba	21
7	Grammatica	Parole in disordine	23
8	Vocabolario	L'intruso	25
9	Grammatica	Completare le frasi	26
Compagni di viaggio			
1	Vocabolario	Sinonimi	30
2	Grammatica	Preposizioni	31
3	Vocabolario	L'intruso	34
4	Grammatica	Passato prossimo	35
5	Vocabolario	Parole della stessa famiglia	37
6	Vocabolario	Traduzione	39
7	Grammatica	Passato prossimo o imperfetto?	42
8	Vocabolario	Da dove viene la parola?	44
9	Vocabolario	Cruciverba	45

	Soggetto	Esercizio	Pagina
Pasticceria Paradiso			
1	Grammatica	Correggere gli errori	51
2	Grammatica	Parole in disordine	53
3	Grammatica	Pronomi personali	55
4	Vocabolario	Contrari	57
5	Vocabolario	Lettere in disordine	59
6	Grammatica	Preposizioni	61
7	Grammatica	Imperfetto o passato prossimo?	63
8	Vocabolario	Riconoscere i gesti	65
9	Vocabolario	La parola nascosta	66
Una giornata speciale			
1	Vocabolario	Parole nascoste	72
2	Grammatica	Aggettivi	74
3	Vocabolario	Parole in disordine	77
4	Grammatica	Pronomi personali	79
5	Vocabolario	Sinonimi	81
6	Vocabolario	Definizioni	84
7	Grammatica	Passivo	85
8	Vocabolario	La griglia	87

	Soggetto	Esercizio	Pagina
Test finale			
Buoni vicini			
1	Comprensione del testo	La parola nascosta	90
2	Vocabolario	Parole mancanti	91
3	Grammatica	Passivo	91
Compagni di viaggio			
1	Grammatica	Domande	92
2	Vocabolario	La griglia	93
3	Grammatica	Congiuntivo	94
4	Vocabolario	L'alternativa giusta	95
Pasticceria Paradiso			
1	Vocabolario	Modi di dire	96
2	Vocabolario	Verbi e aggettivi	96
3	Grammatica	Traduzione	97
4	Vocabolario	La griglia	98
Una giornata speciale			
1	Grammatica	Gerundio	99
2	Vocabolario	La parola nascosta	99
3	Grammatica	Traduzione	100
4	Vocabolario	Cruciverba	101

ISBN 978-3-8174-1998-2